CONDOLEEZZA RICE

JOËL MICHEL

CONDOLEEZZA RICE

La puissance et la grâce

LA TABLE RONDE
14, rue Séguier, Paris 6ᵉ

© Éditions de La Table Ronde, Paris, 2006.
ISBN 2-7103-2883-6.

Sur la pelouse de la Maison Blanche, un colosse noir, endimanché, contemple le saint des saints. À ses côtés, sa minuscule épouse témoigne du même respect. Une petite fille leur dit d'un ton décidé : « Un jour, j'habiterai cette maison. » Loin d'en rire, les parents opinent : ils y croient, ils y ont toujours cru, ils font tout pour qu'elle y parvienne. Nous sommes en 1964. La petite fille, Condoleezza Rice, a dix ans, mais c'est déjà une adulte, disent ses parents. L'anecdote incarne jusqu'à la caricature le rêve américain : « Un jour, tu seras Président, mon fils ! » pourrait dire tout bon citoyen confiant dans son pays — tous, peut-être pas. Pour une jeune fille noire née dans l'Alabama raciste, même à la veille du *Civil Rights Act*, qui abolit la ségrégation, le rêve semble franchement inaccessible. Une autre histoire se dessine en arrière-plan : si John Wesley Rice, le père, emmène sa fille visiter

Washington comme il visite avec elle des monuments et des campus dans tout le pays, c'est aussi qu'il ne peut l'emmener dans le parc d'attractions de sa ville, Birmingham, réservé aux enfants blancs ; il lui a expliqué qu'il ne valait pas la peine d'être visité. Néanmoins, de ces deux visions de l'Amérique, la première s'impose : elle marque le début d'une histoire à succès, qui rassure la société américaine sur elle-même et tout simplement, Condoleezza Rice a bel et bien eu son bureau dans l'aile ouest de la Maison Blanche.

Des anecdotes de ce type, il en existe toute une série, qui ont fonction d'égayer une biographie officielle qui se répète, des sites universitaires à ceux du gouvernement, des clubs de fans aux grands journaux, une biographie neutre, sage, de réussite en succès, dans laquelle semble tenir toute la vie de Condoleezza Rice. Elles humanisent les nombreux portraits que la presse lui a consacrés, sont pieusement déclinées par ses biographes et elle-même les raconte volontiers sur les estrades ou dans les interviews. La vie de Condoleezza Rice, ce sont des clichés bien répertoriés, stéréotypés et des confidences soigneusement contrôlées et utilisées.

Ce sont d'abord des tableaux de l'Alabama : « Granddaddy Rice », le grand-père de l'héroïne, qui quitte son champ de coton pour aller à l'Université et devient pasteur ; Angelena, la mère, qui impose à une vendeuse de laisser sa fille entrer dans la cabine d'essayage pour les Blancs d'un magasin de Birmingham ; l'attentat à la bombe qui tue quatre petites filles noires dans l'église baptiste de la 16e Rue en 1963. Puis c'est Condi, fraîche arrivée à l'Université ; du haut de ses quinze ans, elle lance à un professeur qui expose une théorie sur l'infériorité des Noirs, que c'est elle qui parle français et joue Beethoven. Dans tous les cas d'ailleurs, il s'agit moins d'accuser le racisme ambiant que de montrer que les Rice, à toutes les générations, tracent leur chemin sans complexe. Sur l'universitaire et la responsable politique, le stock d'anecdotes édifiantes s'épuise, même si se détache encore le fier tableau de Condoleezza Rice renvoyant à son hôtel un Boris Eltsine prêt à faire du scandale à la Maison Blanche sous le Président Bush père. C'est aussi qu'elle est désormais omniprésente dans les médias. Ceux-ci jouent volontiers du contraste entre la grâce et la force, la beauté et l'intelligence, le charme d'une « belle du Sud », ce qui a un parfum colonial peut-être discutable, et l'intelligence « au laser » de la spécialiste militaire, de surcroît fan de football américain : cela la met en valeur sans nous en dire trop à son sujet. Le charme et le charisme l'emportent sur la dureté, et jamais ne vient la comparaison avec Margaret Thatcher. Elle est bien « la main de fer dans le gant de velours », mais la déclinaison américaine de la Dame de Fer est plus pragmatique : c'est une *iron and tungsten lady*, ou plus poétique : un *steel magnolia*, le magnolia d'acier. Elle est aussi une image qui fait le tour du monde, celle d'une belle femme souriante dans la cinquantaine, qui a suivi une trajectoire rectiligne, tendue comme une flèche pour être toujours la première.

Résumer une vie, un parcours à quelques images d'Épinal est d'autant plus facile que Condoleezza Rice, dont la biographie officielle est déjà si lisse, devient transparente dès qu'on s'interroge sur sa vie privée : pas d'enfant, pas de compagnon — épargnons-lui la plaisanterie sur le Président —, pas de vrai chez-soi que cet appartement sur le campus de l'Université de Stanford revendu pour un autre dans le quartier des ministères à Washington, où elle ne reçoit guère ; les week-ends chez les Bush, depuis que papa est mort ; le piano, le football et la religion. Elle ne lit pas de romans. Elle se lève à 5 heures et s'entraîne pendant une heure. Ensuite, la vie se confond avec le travail jusqu'à tard le soir, avec le Président souvent ; des voyages, fréquents avant même l'entrée en diplomatie : elle est toujours disponible ; un réseau qu'elle entretient soigneusement au téléphone, semble-t-il, avec cette redoutable efficacité qui fait penser à Barbara Bush... Et des réunions, des galas, des cérémonies honorifiques dans les Universités, désormais des commémorations. Pourtant ce n'est ni une souris grise ni une bonne sœur : elle s'habille, surtout chez Oscar de la Renta, elle dépense — sa folie ce sont les chaussures, dont son meilleur ami dit en plaisantant qu'elle en a une collection digne de Mme Marcos. Elle va applaudir au football — une passion vraie et qui renforce son image — et apporte volontiers son témoignage aux fidèles de son église. Lorsqu'on lui demande quel poste elle vise, elle répond souvent qu'elle rêve de la direction de la NFL, la ligue nationale de football, ce qui est pittoresque, mais botte en touche. Des états d'âme ? Elle se vante de ne pas en avoir, Dieu la protège — ce qui n'est peut-être plus une façon de botter en touche.

Sa promotion comme conseillère pour la sécurité nationale, en 2001, a inspiré auteurs et journalistes. Nous en apprennent-ils plus ? Outre les nombreuses présentations semi-officielles, la biographie respectueuse de Antonia Felix, *The Condoleezza Rice Story*[1], apporte des témoignages intéressants et compile les fameuses anecdotes — elle en est souvent la source depuis sa parution — mais ne se pose pas de questions ; quelques autres relèvent de l'histoire pieuse, dans deux cas à destination des enfants — le modèle est trop beau. On retrouve les mêmes clichés

---

1. Antonia Felix, *Condi, The Condoleezza Rice Story*, Newmarket Press, 2002, est la seule biographie sérieuse. Citons pour mémoire B. Denise Hawkins, *Condoleezza Rice : A Woman of Faith*, Jeremy Tarcher publisher, 2005 ; Mary Dodson Wade, *Condoleezza Rice : Being the Best*, Millbrook Press, 2003 ; Bernard Ryan Jr., *Condoleezza Rice, Secretary of State*, Ferguson, 2004. Un remarquable article de Nicholas Lemann dans le *New Yorker* des 14 et 21 octobre 2002, « Without a doubt. Has Condoleezza Rice changed George W. Bush, or has he changed her ? ».

au fil des articles bien-pensants de la presse chrétienne, qui livrent quand même parfois les échappées les plus sincères, lorsqu'elle fait part de ses « leçons de vie », et dans ceux, complaisants, qu'elle donne à la grande presse américaine, surtout féminine, *Vogue*, *George*, le *Oprah Winfrey Magazine*, *Ebony*. Seul Nicholas Lemann dans un portrait pénétrant du *New Yorker* en octobre 2002 se demande qui est cette femme, mais surtout pour analyser son rôle dans l'Administration et son rapport avec le Président. Les rares attaques sont hargneuses. Le conformisme, qui ne règne pas forcément aux États-Unis pour parler des puissants, pèse lourdement quand il s'agit des Noirs américains qui réussissent, dont la vie est toujours traitée à l'eau de rose, comme autant de *success stories*. Dans cet emploi gratifiant, Colin Powell a intitulé son autobiographie *My American Journey*, « du ghetto au Pentagone » ; le stéréotype est presque inévitable.

Le sujet étant moins délicat à l'étranger, on se sent plus libre. Globalement, Mme Rice n'a pas tellement bonne presse. En France, George Bush, « *Dubiou* », focalise la verve, le sarcasme ou la haine, éventuellement Cheney et Rumsfeld pour les connaisseurs. On aime — on aimait — Powell, mais Condoleezza Rice, cette femme que la formule dont elle serait l'auteur « ignorer la Russie, pardonner à l'Allemagne, punir la France » devrait désigner à la vindicte, jouit d'une certaine immunité, sans chaleur toutefois : on voit en elle la voix de son maître, un peu ridicule car elle en serait amoureuse. La presse britannique la caricature avec plus de férocité. Même ton d'irrespect, qui surprend, dans la presse allemande — *Stern* a publié une photo où George Bush se promène suivi, à la queue leu leu, de son chien et de Condoleezza Rice tête baissée. Une certaine presse russe — pays dont elle est spécialiste — fait dans la grossièreté provocante, et des sites chinois sont scandaleusement insultants.

Aux États-Unis, Condoleezza Rice inspire des biographies sucrées et laisse les journalistes sur leur faim. Beaucoup n'hésitent pas à dire qu'elle est une énigme. Sur le plan politique d'abord, on peine désormais à la situer entre le camp des moralistes et celui des réalistes — les premiers l'admettent dans leurs rangs mais s'en méfient, les seconds veulent croire qu'elle pense comme eux mais sont dépités ! D'autre part, sa vie si lisse n'est guère exploitable par la presse *people*, sauf comme elle le veut et quand elle le veut. Condoleezza Rice s'exprime très volontiers : elle donne des interviews sans retenue, est aussi présente sur les ondes et les écrans que dans la presse. En même temps, elle se cache bien : c'est la ligne officielle qu'elle relaye sans la moindre fioriture, c'est le même fonds d'anecdotes personnelles — qu'elle raconte toujours et toujours. On y verra à la fois une grande sagesse et une grande habileté dans l'art de se protéger. Elle reste maîtresse de son image — son grand mot est la « discipline », qu'elle s'impose et impose aux autres sur ce qui la concerne — au point que certains journalistes confient que ce n'est plus la peine de l'interroger, car on connaît toujours la réponse, et cela ne vaut pas que pour les prises de position politiques. Faut-il chercher un mystère ou s'incliner devant une vie si bien gardée ? Le secret, s'il existe, est d'ordre privé plutôt que dans la trajectoire politique impressionnante par sa rapidité et son succès, le parcours sans faute d'une femme qui sait à merveille saisir les occasions qui se présentent dans les contextes successifs où elle évolue. Cela n'empêche pas, modestement, de porter un regard curieux sur ce qui se laisse apercevoir derrière le mythe. Ici l'Européen plus libre à l'égard du « politiquement correct », du ton dévot souvent employé à son égard aux États-Unis, est sans doute mieux à même de prendre ses distances avec l'image d'Épinal de la petite fille noire à la Maison Blanche, d'une icône du parti républicain qu'elle incarne de bonne grâce, une image qui, à mesure qu'elle gravit les échelons, se fige et qui risque de représenter bientôt un formidable enjeu, s'il faut nous vendre une possible candidate à la présidence en 2008.

ALABAMA, COLORADO
(1954-1980)

1.
LE SUD PROFOND

Les Américains donnent volontiers des surnoms affectueux à leurs grandes villes. Cela avait bien commencé pour Birmingham, Alabama, qui, lors de sa création en 1871, fut baptisée *Magic City*. Rapidement, l'appellation plus prosaïque de la « Pittsburgh du Sud » convint mieux à une ville qui tirait sa richesse de l'acier, et que domine toujours une statue de Vulcain. Puis elle devint la « Johannesburg des États-Unis », et dans les années 1960, *Tragic City*, ou encore *Bombingham*. Triste réputation d'une ville désormais montrée du doigt, comme le fit Martin Luther King pour qui, dans le Sud profond, Birmingham était la grande ville où les relations raciales étaient les pires au milieu du XXe siècle. Les premiers frémissements qui se font sentir à partir de l'arrêt de la Cour suprême imposant la déségrégation des écoles en 1954 — l'année même où Condoleezza Rice y vient au monde — n'y sont pas perceptibles avant longtemps.

La citadelle du racisme

Fondée à l'époque de la Reconstruction, quelques années après la guerre de Sécession et l'abolition de l'esclavage, Birmingham anticipa ou accentua la détérioration de la situation des nouveaux hommes libres que la retraite des forces nordistes, et le compromis passé en 1877 avec les Yankees, laissèrent en butte à l'esprit de revanche des Blancs du Sud. En quelques décennies, chacun des anciens États confédérés vota les lois *Jim Crow* — nom qui désignait la caricature populaire de l'esclave noir —, nouvelles lois raciales venant remplacer les codes noirs d'avant 1865. Elles instaurent la ségrégation d'abord en privant les Noirs de leurs droits politiques, puis en fixant les règles de la séparation dans les transports, au travail, et dans tous les lieux de vie — d'une vie qui était déjà de moins en moins commune d'ailleurs, puisque, avec la fin de l'esclavage, la dissolution du système des plantations au profit d'un métayage médiocre provoque un mouvement de séparation spontané : chacun se retire dans ses quartiers, les relations entre Blancs et Noirs, sauf pour la domesticité, se font encore plus rares ; en particulier, les Noirs quittent massivement les églises pour fonder leurs grandes organisations méthodistes et baptistes : à partir de cette époque, et pour toujours, 11 heures du matin le dimanche est l'heure la plus ségrégationniste aux États-Unis !

Ségrégation de fait, ségrégation de droit, qui touche surtout les villes d'ailleurs, et que la Cour suprême a elle-même entérinée en 1896 en avalisant le concept de « développement séparé mais égal ». À la veille de la Première Guerre mondiale, l'œuvre de réaction est achevée : la société du Sud, d'où les Noirs partent en masse pour les grandes villes du Nord, se fige dans des relations que, un demi-siècle plus tard, on croira avoir été et devoir rester éternelles. L'esprit de revanche n'étant jamais assouvi et la peur sociale toujours inventive, on apportera encore des raffinements à un système complexe et chaotique — il diffère d'une ville à l'autre, gare au Noir qui se déplace ! — surtout après la flambée de violence raciste qui suit la Première Guerre. À Birmingham, en 1930, une ordonnance instaure la ségrégation totale dans les taxis — un client blanc ne pourra avoir qu'un chauffeur blanc, un chauffeur noir qu'un client noir, sachant qu'aux carrefours, le chauffeur blanc a toujours la priorité d'où qu'il vienne... La même année, on pousse la créativité jusqu'à interdire à un Noir et un Blanc de jouer aux dominos ensemble ! Bien entendu, les syndicats de cette grande ville ouvrière sont monocolores.

Birmingham se distingue également par la fermeté de l'establishment blanc des *Big Mules*, c'est-à-dire l'alliance des planteurs ruraux et des industriels de la ville, qui recourent s'il le faut à la violence et s'appuient ouvertement sur le Ku Klux Klan, recruté largement dans la police locale, et qui parade volontiers dans les faubourgs. Dans les années 1950, le principal dirigeant local — la ville n'a pas un maire à sa tête, mais une commission de trois membres — est le commissaire Eugene « Bull » Connor, qui a acquis ses lettres de noblesse en écrasant le mouvement ouvrier des sidérurgistes dans les années 1930. Il monte bonne garde, sillonnant les quartiers noirs dans son énorme voiture blindée blanche pour y crier des instructions menaçantes au haut-parleur, et il reste arme au pied — ou plutôt chien en laisse — devant toute manifestation d'un mouvement civique noir.

À Birmingham, ce mouvement n'a jamais vraiment pris, et dans la ville, rien ne bouge. Le 17 mai 1954, le juge Earl Waren tranche le cas « Oliver Brown et autres contre la commission de l'Éducation de Topeka », au Kansas, en décidant que la doctrine du « développement séparé mais égal » ne s'applique pas à l'éducation : la ségrégation à l'école est illégale. Reste à faire entrer ce jugement dans les faits. Les leaders noirs du Sud sont en alerte, les Blancs se crispent à l'idée de la déségrégation, mais le décret d'application du 31 mai 1955 ne fixe pas de date pour l'achèvement de la réforme. L'Alabama est le premier État à voter que la décision de la Cour suprême est « nulle et sans effet ». Plusieurs États prennent des mesures pour que l'argent soit détourné des écoles publiques vers les écoles privées, et les autorités locales ayant compétence pour l'affectation des enfants, il faudrait aller en justice contre chacune d'elles devant des juges de district qui leur sont acquis. Pendant les années qui suivent, les progrès sont minces dans le Sud profond. Aux élections de 1956, une majorité énorme élit en Alabama un gouverneur ségrégationniste. La jeunesse noire se fait remuante, les Blancs des États les plus « suprématistes » recourent à la violence. Néanmoins, l'élection de Kennedy est une reconnaissance pour les Noirs. La ségrégation est déclarée illégale en Floride, en Arkansas, au Tennessee, au Texas et même en Louisiane. L'organisation de défense des Noirs, la NAACP, *National Association for the Advancement of Colored People,* commence à faire pétitionner. Peine perdue en Alabama qui reste, avec le Mississippi, un des États dont aucune école blanche n'accueille encore un seul jeune Noir au début des années 1960. C'est pourtant dans cet État, à Montgomery, que Rosa Parks, en restant assise à une place pour Blanc dans l'autobus, a permis une première victoire après une grève des transports d'un an en 1955 et 1956. Le mouvement des droits civiques qui en est issu, avec à sa tête le pasteur Martin Luther

King, mène ensuite d'autres combats, surtout en Géorgie et au Mississippi. S'attaquer à la grande ville la plus réfractaire, la citadelle du racisme sûr et fier de soi qu'est Birmingham devient une nécessité pour que cette guérilla se transforme en mouvement de fond. C'est au printemps 1963 que l'assaut est lancé. On espère réussir par des moyens pacifiques, mais les leaders du mouvement sont sans illusion ; ils savent que la résistance qu'ils vont rencontrer sera à la mesure de l'enjeu : leur plan de bataille s'appelle le plan C — pour confrontation.

1963, prise de la Bastille

Les inquiétudes étaient fondées. Des manifestations de Birmingham au printemps 1963, il nous reste une de ces photos qui font l'actualité du siècle, celle d'un jeune homme noir happé par un chien policier ; leur épilogue à l'automne fut l'un des épisodes les plus tragiques du combat pour l'égalité des droits, l'assassinat de quatre fillettes noires dans une église. La bataille de Birmingham est racontée en détail par Diane McWhorter, dans son enquête parue en 2002, *Carry me Home* (« Ramène-moi à la maison »). Cette jeune femme blanche originaire de la ville essaye de comprendre le comportement de son père ; elle ne cache pas plus les divisions entre les leaders noirs qu'elle n'omet de dévoiler les relations entre les hommes de main de la ségrégation et leurs parrains de la bonne société.

Face aux ségrégationnistes puissants et déterminés, quelques hommes portent le flambeau de la résistance et au premier rang le pasteur Fred Shuttleworth, qui dirige le Mouvement chrétien pour les droits de l'homme de l'Alabama. Sa personnalité flamboyante contraste avec le calme de Martin Luther King, fondateur de la SCLC, la Conférence des dirigeants chrétiens du Sud. Dès janvier 1963, ce dernier, alerté par quelques échecs dus à l'improvisation, vient sur place avec ses lieutenants comme le révérend Ralph Abernathy, de Géorgie, pour organiser sérieusement le mouvement. Après deux faux départs, le 3 avril commencent le boycott des commerces du centre-ville et des marches de protestation quotidiennes, avec des revendications assez limitées sur la déségrégation dans les écoles, les équipements publics et les magasins, l'embauche de Noirs dans les commerces de détail et la mise sur pied d'une commission biraciale pour planifier d'autres progrès. Le centre nerveux du mouvement est l'église baptiste de la 16e Rue, celle du pasteur Shuttleworth, et le parc urbain adjacent. On sait que la violence sera au rendez-vous : l'année précédente, les lynchages ont repris dans le Mississippi, le *New York Times* a dénoncé « la dynamite du racisme renforcée par le fouet, le rasoir, le fusil, la bombe, la torche, la batte, le couteau, la populace, la police et bien des organismes de l'appareil d'État » et en janvier, George Wallace, gouverneur de l'Alabama, a clamé sa fermeté : « ségrégation aujourd'hui, ségrégation demain, ségrégation pour toujours ». À Birmingham, le commissaire Eugene « Bull » Connor, malgré un revers électoral, garde le contrôle de la ville. Sa police arrête les manifestants à tour de bras, y compris, lors d'une marche agenouillée du vendredi saint, King, Shuttleworth et Abernathy — la treizième arrestation pour King qui écrivit à cette occasion sa *Lettre de la prison de Birmingham*.

Rien n'y fait. Chaque jour, les manifestations gagnent en ampleur. Début mai, les enfants des écoles relaient les adultes. La police les arrête par centaines, par milliers, les attaque à la lance à incendie et avec des chiens policiers. La foule, pacifique jusque-là, riposte en jetant des bouteilles et des pierres, le pays et le monde s'indignent. Le but est atteint : les prisons sont pleines. La situation menaçant de devenir incontrôlable, avec le soutien du Président Kennedy et des leaders nationaux du monde des affaires, une trêve est négociée qui suspend les manifestations le 8 mai. Les autorités de la ville promettaient de satisfaire les demandes des Noirs dans les quatre-vingt-dix jours. Les ségrégationnistes les plus endurcis ne l'entendent pas ainsi, appuyés sur le gouverneur Wallace, qui avait rejeté l'accord avant même qu'il ne soit annoncé. Le 11 mai, le Ku Klux Klan fait sauter la maison du frère du Dr King, et dans l'heure qui suit, le quartier général du mouvement noir à Birmingham, le motel Gaston. C'est l'émeute dans les rues de la ville, l'incendie, l'affrontement avec la police qui fait des dizaines de blessés, et dont seules les troupes de l'État viennent à bout. Le 15 mai enfin, une nouvelle municipalité accepta de signer le pacte de Birmingham qui prévoyait la déségrégation des écoles, des commerces et des transports. Peu après, la Cour suprême de l'État obligea l'Administration de Eugene Connor, qui faisait de la résistance, à quitter les lieux. Les commerçants commencèrent à retirer les panneaux « Réservé aux Blancs » de leurs vitrines.

Localement, les tensions persistèrent. Il fallut que le Président Kennedy menace de faire intervenir l'armée pour que Wallace, qui s'était interposé en personne, laisse deux étudiants noirs pénétrer à l'Université d'Alabama. Il fallut encore que le Président fasse passer sous contrôle fédéral la garde nationale de l'État pour que les enfants noirs puissent entrer dans les écoles le 2 septembre. La paix régna, cinq jours. Le dimanche suivant, à l'église baptiste de la 16e Rue, une bombe tua au sous-sol trois jeunes filles de quatorze ans et une de onze ans, et fit de nombreux blessés. Dans la foule qui se répandit autour de l'église, deux autres enfants tombèrent sous les balles de la police. Les poseurs de la bombe, comme ceux de cinquante autres bombes lancées contre des propriétés noires à

Birmingham, échappèrent aisément à la justice. Après de nombreuses péripéties, le dernier d'entre eux, âgé de soixante et onze ans, a été condamné à la prison à vie... en mai 2002.

Mais les événements de Birmingham avaient enflammé le pays : des centaines de manifestations avaient eu lieu avec pour temps fort une marche sur Washington où, le 28 août, Martin Luther King prononça le célèbre discours : « J'ai fait un rêve... qu'un jour, même en Alabama où le racisme est vicieux... justement en Alabama, les enfants noirs et les enfants blancs pourront tous se prendre par la main comme frères et sœurs. Je fais aujourd'hui ce rêve ! » Le Congrès débattait déjà d'une loi sur les droits civiques. Elle était prête lorsque Kennedy fut assassiné en novembre. Le vice-Président Lyndon Johnson qui le remplaça en fit son premier combat, et la signa le 2 juillet 1964. À l'automne suivant, il gagna l'élection présidentielle, et devant la montée des troubles et des violences dans le Sud, il convoqua une session spéciale du Congrès qui vota la loi sur l'égalité politique du 6 août 1965.

Les spectateurs

C'est dans ce contexte difficile et exaltant, tandis que se fait l'histoire de son pays, que Condoleezza Rice passe la première partie de son enfance. Elle habite à quelques centaines de mètres de l'église baptiste de la 16ᵉ Rue. Le jour de l'attentat, elle est présente dans l'église où son père officie et entend l'écho de la bombe qui tue des fillettes dont deux d'entre elles lui étaient connues. Mais cet écho ne pouvait rester que très assourdi. Elle fait en effet partie des spectateurs plutôt que des acteurs de cette histoire. Qu'elle ne soit pas parmi les écoliers qui manifestent au mois de mai s'explique aisément par son jeune âge : née le 22 novembre 1954, elle a alors huit ans et demi. La police a incarcéré des enfants de six ans, mais la majorité des écoliers arrêtés était des adolescents. De toute façon, ce n'est pas de l'église presbytérienne de son père, le révérend John Wesley Rice, que sortent les cortèges d'enfants qui vont au-devant de la police ; c'est de l'église baptiste de la 16ᵉ Rue, puis de trois ou quatre autres églises baptistes, fréquentées par des gens bien plus pauvres que les Rice. Condoleezza, en effet, ne fait pas partie de ceux que Martin Luther King décrit dans son fameux discours « tout brûlant des feux de l'injustice, tout brûlant des feux de l'oppression... ».

Elle se souvient plus tard que son père l'emmena voir les manifestants, les écoliers parqués derrière les grilles du stade, et qu'il l'emmena à l'enterrement des victimes de septembre — « car mes parents voulaient que je connaisse l'histoire ». Qu'elle la connaisse, oui, mais pas qu'elle y participe, car cette histoire, ils ne sont pas sûrs que ce soit la leur. Ils sont en retrait, comme la majeure partie de l'élite noire de Birmingham, et ne suivent pas vraiment les positions des leaders des droits civiques, d'autant que, comme souvent, la faiblesse et la marginalité engendrent le radicalisme ; les dirigeants de la SCLC eux-mêmes craignaient celui du bouillant pasteur Shuttleworth. Il est vrai que les difficultés sont encore plus grandes qu'ailleurs : même la NAACP qui depuis un demi-siècle déjà travaille pour les droits des Noirs et a obtenu, entre autres, la grande victoire de la déségrégation scolaire en 1954, est toujours hors la loi dans l'Alabama. Les leaders noirs ont d'ailleurs hésité avant de se lancer dans la bataille de Birmingham, par peur de ne pas réunir les forces nécessaires. La tactique adoptée repose en effet sur le nombre plutôt que sur la détermination d'un groupe d'activistes : il s'agit, en marge du boycott des commerces désignés — consigne passive d'application plus aisée —, de trouver chaque jour assez de manifestants pour qu'au fil de centaines et même de milliers d'arrestations, les prisons soient saturées et qu'on ne puisse simplement plus empêcher la foule de se répandre dans le centre-ville. Cela nécessite de l'argent, pour payer des cautions et faire sortir les gens utiles ou des groupes de manifestants qui reprennent derechef le chemin de la rue — les révérends organisateurs avaient très peur de manquer de ce *bail money*. Cela nécessite surtout des troupes animées d'un esprit de sacrifice : il n'est pas facile de marcher calmement vers les chiens policiers et les lances à incendie en sachant ce qu'on risque. L'une des grandes originalités des manifestations de Birmingham a été que, pour la première fois, on a envoyé les enfants dans la rue. Ce fut un coup de maître pour faire connaître le mouvement, dont les images choquantes diffusées dans le monde entier ont décuplé l'efficacité. Mais la décision a d'abord été prise parce qu'en avril, les leaders avaient le sentiment qu'ils ne parviendraient pas à mobiliser suffisamment d'adultes, dans cette grande ville à majorité noire, pour réunir chaque jour les forces nécessaires. L'initiative de cette fuite en avant revient à Shuttleworth, malgré le scepticisme de Martin Luther King. Beaucoup de parents et de pasteurs noirs s'y opposèrent. Le pasteur Rice n'envoya pas les enfants de ses groupes de jeunesse, pas plus qu'il ne lui serait venu à l'idée d'y envoyer sa propre fille.

L'opposition des notables noirs n'est pas motivée par ces choix tactiques, mais par des préoccupations plus sérieuses. Ils ont d'ailleurs essayé de dissuader les étrangers de venir troubler le jeu qu'ils jouent de leur côté, qui consiste, en s'alliant aux responsables de la chambre de commerce, à battre aux élections municipales du 6 mars Bull Connor au profit d'un Blanc modéré, avec lequel on verrait ensuite à s'entendre : c'est la politique des tout petits pas. De fait, toute la population blanche de Birmingham n'était pas unie derrière Connor, dont les excès nuisaient au climat économique. Une opposition blanche se manifestait, entraînée par un jeune agent d'assurances, Alan Drennen. Elle ne promettait pas la fin de la ségrégation, mais déjà l'embauche de policiers noirs. Aux élections de début mars, elle réussit à mettre Connor en ballottage. C'est ce qui explique les pressions de l'élite économique noire pour faire repousser à plus tard le « plan C », ce à quoi ils réussissent à deux reprises. Certains propriétaires de journaux noirs de la ville — dont, par une ironie de l'histoire, le père du jeune homme agressé par un chien policier immortalisé sur une photo qui a fait le tour du monde — avaient même décidé d'ignorer complètement le nom de Luther King dans leurs colonnes. Au second tour en avril, la liste des Blancs modérés l'emporta effectivement, mais Bull Connor resta en place jusqu'à ce que la Cour suprême d'Alabama le déloge le 23 mai. En attendant, les leaders civiques avaient quand même lancé leur mouvement, car ils craignaient que le boycott économique ne réussisse pas si on laissait les familles noires faire leurs achats pour la période de Pâques. Bref, la bourgeoisie noire de Birmingham n'appréciait que modérément que des activistes viennent troubler son jeu. Le révérend Shuttleworth dira beaucoup plus tard : « Si nous avions attendu la classe moyenne pour nous guider, nous serions encore en train d'attendre ! » En dehors des responsables économiques, c'est toute la classe moyenne noire en effet qui partageait ces réticences, dont de nombreux pasteurs connus, même si après les brutalités policières du 2 mai, leur sympathie pour le mouvement s'affirma. Le père de Condoleezza Rice était l'un de ces pasteurs influents que le mouvement plongeait dans l'expectative. Rien dans son parcours personnel ni dans ses origines ne le poussait à participer à une rébellion de ce type.

Un patriciat noir

Bien sûr, les enjeux du mouvement ne sont pas étrangers à ces patriciens. Mais dans leur quotidien, ils en ont un écho étouffé et ils ont souvent le sentiment de se soustraire aux contraintes des lois raciales. Lorsque la Cour suprême accepte en 1896 la solution hypocrite du « développement égal mais séparé », légalisant la ségrégation, elle fait le malheur de la majorité des Noirs pauvres, à jamais privés des moyens de se développer, y compris séparément. À Birmingham, ouvriers des mines et de la sidérurgie, ils subissent jusqu'en 1928 la concurrence du travail des prisonniers, qui tire les salaires vers le bas. En 1950, 82 % des Noirs de la ville sont pauvres — et pourtant mieux lotis que ceux des campagnes. Mais une petite élite noire se développe effectivement de son côté dans le monde qui lui est réservé, en essayant d'ignorer délibérément le racisme ambiant. À Birmingham, c'est autour du district commerçant de la 4ᵉ Avenue, et progressivement, dans des quartiers de bourgeoisie noire, dont la construction est d'ailleurs tardive. Ainsi, ce n'est qu'après la Seconde Guerre, pour récompenser les anciens combattants noirs, que s'élève le quartier de Titusville, celui où habitent les Rice : dans ses rues calmes, peu de Blancs s'aventurent. La communauté prend en charge ses propres services, de façon séparée puisque hôpitaux, écoles, prisons et églises le sont.

Cette minorité réduite mais vigoureuse, à la merci de la brutalité environnante et pourtant sûre d'elle, semble bizarrement étrangère, voire à contre-courant de l'évolution des Noirs américains qui, de prises de conscience en déchirements après l'effondrement des grands espoirs qui suivirent l'Abolition, poursuivent à chaque génération l'éternel débat entre intégration et séparatisme, conciliation et révolte, réformisme progressif et exigences immédiates, solutions économiques ou réformes politiques. À l'époque où les grands-parents de Condoleezza Rice travaillent à assurer les fondements de la prospérité familiale, le temps des illusions assimilationnistes est révolu. Le maître à penser est Booker T. Washington, né esclave en Virginie, qui, entre petits métiers et mécénat, réussit à étudier puis à gagner des protections puissantes pour se consacrer à l'éducation des Noirs. Pour celui que l'on appellera *The Great Accomodator* — le grand conciliateur —, les Noirs doivent essayer de vivre comme les Blancs mais en s'investissant dans les domaines où ils ne leur font pas concurrence : dans le célèbre Institut de Tuskegee qu'il fonde en 1881 dans le nord de l'Alabama, on met l'accent sur l'éducation professionnelle dans des métiers utiles. Il renonce même au suffrage universel et à la participation politique, ainsi qu'à l'intégration sociale dans les écoles. Sa doctrine, formulée comme le « compromis d'Atlanta » en 1895, est une offre de paix entre les races, avec un développement séparé — un prélude, du côté des victimes, à ce que la Cour suprême décrétera l'année suivante. Ce compromis optimiste, Booker T. Washington l'offrait à une élite blanche bienveillante, celle-là même qui lui apportait son soutien financier. Or en ce tournant de siècle, ce sont les racistes les plus radicaux qui l'emportent partout, la ségrégation s'accentue, les lynchages prennent des proportions épouvantables, ruinant les espoirs de compromis.

Naît alors l'idée que le Noir doit avoir ses propres idéaux, que sa culture et ses valeurs, séparées effectivement, ne peuvent être celles des Blancs. C'est toute l'odyssée de William E. Du Bois que sa philosophie radicale conduira à finir ses jours en Afrique. Il aide à la naissance de la *National Association for the Advancement of Colored People*, qui se détourne de son extrémisme et lutte pour l'égalité des droits. Pendant un demi-siècle, l'idée d'une communauté noire autonome disparaît. La NAACP domine l'histoire du mouvement noir jusqu'au triomphe des droits civiques dans les années 1960. On en connaît les limites, la situation des Noirs se détériorant même ensuite sur certains plans. Un nouveau radicalisme, né une fois encore de la déception, rend vie à l'idée de Du Bois, qu'il est impossible de faire des Blancs avec des Noirs, et s'engage dans des voies plus radicales encore : l'aspiration à une identité raciale séparée conduit une partie de la jeunesse à considérer l'intégration comme une trahison et une insulte.

Dans tous les cas, on est bien loin de l'idéal de développement séparé de Booker T. Washington, tragiquement démenti par les faits, et qui semble être tombé dans l'oubli dès la Première Guerre mondiale. Pourtant, dans des villes du Sud, l'élite dont nous parlons, coupée des Blancs mais aussi isolée de la plèbe noire, cultive dans une marginalité volontaire et dans l'espace que lui laisse la ségrégation, un ensemble de valeurs qui, toutes, concourent à l'ascension sociale individuelle. Ce groupe méritant a pleine conscience de sa valeur et de sa dignité, et choisit de ne pas l'exposer inutilement, dans un contexte sur lequel elle ne pense pas pouvoir agir. On a l'impression qu'à tout instant le monde extérieur peut les rattraper. Mais non : ils réussissent sur ce qui paraissait une voie de garage de l'histoire noire, un développement séparé.

Dans l'Alabama, le temps s'est arrêté, pour les Blancs qui ne croient pas que la suprématie raciste puisse être remise en cause, et pour ces Noirs selon le cœur de Booker T. Washington. Le monde bouge pourtant, même souterrainement.

La classe moyenne noire n'est pas aveugle, mais elle a ses propres soucis ; elle ne collabore en rien avec les Blancs, mais elle est désorientée ou fronce le sourcil lorsqu'est mis brutalement en cause le statu quo dont dépend son existence. Au cœur de la bataille du printemps 1963, Martin Luther King morigène dans sa *Lettre de la prison de Birmingham* ces « quelques Noirs de la classe moyenne qui, à cause de la sécurité économique et de l'instruction dont ils disposent, et parce que, d'une certaine manière, ils profitent de la ségrégation, sont devenus insensibles aux problèmes des masses ». Paroles d'emportement, démenties par les faits et une solidarité qui finit par se manifester. Mais il faut aussi comprendre l'existence un peu schizophrénique de ce groupe social.

Si les petits Blancs du Sud craignent de déchoir et de tomber au rang des Noirs qui leur font une concurrence économique, et plongent dans un racisme exacerbé, les familles noires qui s'en sont sorties craignent non moins de retomber dans le sort des pauvres qui les entourent, avec lesquels ils n'ont d'ailleurs guère de contact. La solution n'étant pas dans une assimilation impossible, il faut toujours regarder vers le haut, toujours grimper l'échelle sans jamais se reposer. Curieusement, dans ce monde où l'argent est roi et ouvre toutes les portes, ce n'est pas en cherchant à faire fortune dans les affaires qu'on y parvient le mieux. Ce n'est d'ailleurs pas si facile. Il y a bien quelques banquiers, des agents d'assurances, quelques entrepreneurs aussi, mais dans le Sud très rural et très contrôlé par la vieille société blanche, rien qui ressemble à Durham, la « Wall Street noire » en Caroline du Nord, ou encore à la très dynamique Atlanta en Géorgie. La vraie garantie de ne pas retomber grâce à un travail acharné réside dans l'éducation, qui donne un métier grâce auquel on ne retournera jamais au coton ou au riz, à la fragile situation du métayer qui croupit dans une campagne sans avenir. D'où un surinvestissement extraordinaire, soit pour devenir enseignant — il faut des écoles noires —, soit pour être infirmier, médecin, avocat et, bien sûr, prédicateur : c'est plus l'instruction que l'argent qui sauve.

À Birmingham, une seule famille noire s'impose vraiment par sa richesse, ce sont les Gaston. En dessous, on trouve des pasteurs, des principaux de collège, comme la famille d'Alma Johnson, future épouse de Colin Powell, qui emploient des enseignants comme les Rice. Cette méritocratie est aisée, sans avoir trop d'argent : ce sont des salariés, assurant les services dont a besoin leur communauté. Selon Angela Davis, autre native de Birmingham et future dirigeante du parti communiste des États-Unis, on avait le sentiment d'appartenir à la classe moyenne noire dès lors qu'aucune femme de la famille n'était domestique chez les Blancs. Fondée plutôt sur un statut que sur un revenu, cette bourgeoisie et petite bourgeoisie noire fonctionne comme une caste. Y appartenir, c'est se démarquer de tous les stéréotypes négatifs des Noirs du Sud. On prend les choses très au sérieux, on travaille tout le temps, et on prie. Leurs choix religieux les portent plutôt vers des dénominations protestantes rigoristes ou au moins austères. Ils sont sûrs d'eux comme de la Bible, ils sont aussi optimistes pour l'avenir. À un niveau social plus élevé, ce qu'on a appelé l'aristocratie noire est obsédée par les pedigrees, la généalogie. Dans cette bourgeoisie urbaine noire, pour montrer ses quartiers de noblesse, on dit : « J'ai trente enseignants dans ma famille. »

Condoleezza Rice ne se prive pas de rappeler fièrement que dans la sienne, on fréquente l'Université depuis trois générations : ses grands-parents, tous ses oncles et tantes, tous ses cousins et cousines ont fait des études supérieures, ce qui n'est pas le cas de beaucoup de familles américaines, noires ou pas. Effectivement, sa généalogie livre un exemple classique de cette religion de l'éducation : deux esclaves noirs qui savent lire et écrire au milieu du XIXe siècle transmettent cette passion à leurs neuf enfants, dont John Rice junior, qui quitte son champ de coton et, cherchant un endroit où l'on voudra éduquer un Noir, est dirigé vers une formation de pasteur. Lui-même consacre sa vie à aider les jeunes Noirs à apprendre ; sa fille Angela Theresa devient universitaire, spécialiste de Dickens, mais surtout organisatrice de l'enseignement dans les *Colleges* noirs du Sud, et son fils John Wesley est un éducateur passionné. Peut-être cette peur de déchoir de la bourgeoisie noire, accompagnée d'un moralisme sans indulgence pour qui ne s'en sort pas par le travail, explique-t-elle l'impression d'une crispation sociale chez les Rice, d'un besoin de réaffirmer haut et fort leur statut. On rapporte plusieurs anecdotes dans lesquelles Condoleezza ou sa mère remettent à sa place une vendeuse blanche, de façon très hautaine, afin de prouver qu'elles ne cèdent jamais à une manifestation de racisme. C'est vrai à Birmingham en 1960. Mais dans un magasin de Palo Alto, Californie, dans les années 1980, humilier une vendeuse en soulignant sa différence de statut social avec la cliente relève aussi de l'irritation, peu courante dans les rapports humains aux États-Unis, de la bourgeoise qui a l'habitude de se faire servir. Condoleezza Rice est une fille de bonne famille.

2.
LES RICE ET LES RAY

Les deux familles dont elle est issue, celle de son père, John Wesley Rice, et celle de sa mère, Angelena Ray, sont la fine fleur de ce milieu, dont ils se différencient subtilement par deux traits qui, dans la sous-culture où ils vivent, ont leur importance : les deux familles sont issues non pas des esclaves des champs, mais des esclaves domestiques, et des deux côtés, on trouve du sang blanc.

Des différents degrés de l'esclavage

Avoir un propriétaire d'esclaves dans ses ancêtres représente un avantage certain : parmi la vingtaine de leaders des Noirs américains d'avant la Seconde Guerre, la grande majorité descend directement ou indirectement d'un propriétaire blanc, ou a un parent originaire des Antilles. C'est aussi le cas de Colin Powell né en 1937, d'origine jamaïcaine, et de Shirley Chisholm, la première femme noire élue au Congrès en 1969, venue de la Barbade. Mais cette seconde catégorie a immigré dans les grandes villes du Nord ou en Floride, pas dans le Sud profond. Là, les libertés prises par les maîtres peuvent devenir un avantage pour leur descendance noire. Ce n'est pas tant que le patron blanc a payé pour établir ses bâtards — ils lui appartiennent, ou appartiennent au propriétaire de la mère —, encore que le cas ne soit pas rare de fils d'esclaves mulâtres que l'on libère et qu'on envoie s'établir à La Nouvelle-Orléans. C'est surtout que ces jeunes filles qui ont été utilisées par le maître, ou même l'ont séduit plus durablement — l'une des ancêtres de Condoleezza Rice a eu successivement trois enfants avec le planteur blanc —, sont celles qui sont attachées au service domestique, et qui, sans enjoliver la société patriarcale, font partie de la maisonnée avec les avantages que cela comporte. Or une grande distance sépare ces *house slaves*, esclaves domestiques, peu nombreux, mieux traités ou en tout cas mieux nourris, parfois même éduqués, des *field slaves*, esclaves des champs maintenus dans la dureté de leur condition sans perspective d'amélioration.

Ces esclaves domestiques, qui ne vivent pas dans les quartiers noirs mais au contact des Blancs, sont choisies jeunes, car c'est une main-d'œuvre difficile à former. Beaucoup de plantations ont une sorte d'« école » où elles font leur apprentissage de ce que sont les codes et les besoins de la société blanche du Sud. À douze ans, elles peuvent être renvoyées aux champs, comme elles peuvent être vendues si elles ont des compétences très monnayables. Sinon elles entrent, souvent pour la vie, au service des maîtres, et surtout des maîtresses, qu'elles suivent lors de leur mariage, et qu'elles fréquentent désormais plus qu'elles ne voient les autres Noirs — la séparation vise aussi à ce qu'elles ne servent pas d'espionnes. Les cas d'attachement réciproque ne sont pas rares, plus en raison de cette intimité avec les femmes de la maison que parce qu'elles ont fait un passage dans le lit du maître. Les codes noirs interdisent qu'on leur apprenne à lire et écrire, et 90 % d'entre elles demeurent effectivement illettrées. Celles auxquelles la maîtresse apprend, parfois en cachette — les hommes sont plus rares à être dans ce cas —, forment une caste qui s'individualise, prend ses distances sociales, vise à mieux pour ses enfants et est plus à même de profiter de l'abolition de l'esclavage que le troupeau de forçats libérés de la plantation : au chaos de leur vie, elle oppose un désir d'ordre, et comme on l'a dit, une peur de déchoir. Elle assure à sa descendance une ou deux générations d'avance dans la course sociale et lui transmet, outre ce trésor précieux qu'est l'éducation, une soif infinie de réussir.

L'esclave Julia est une de ces mulâtres, demeurée sur la plantation de son géniteur dans l'ouest de l'Alabama. Elle y jouissait certainement d'un statut privilégié puisqu'elle est restée célèbre dans la légende familiale des Rice pour avoir sauvé les chevaux de la maison à l'arrivée de l'armée yankee. Après l'abolition de l'esclavage, elle épousa un autre esclave libéré, venu de Caroline du Sud dans cette campagne à la frontière du Mississippi, où ils prirent une exploitation et élevèrent neuf enfants. C'est l'un de leurs fils, John junior Rice, qui franchit le pas décisif, en quittant la ferme, à la fin de la Première Guerre mondiale, pour aller étudier au Stillman Institute et devenir pasteur. Ce *College*, déjà respectable puisque sa fondation date de 1876, est une des institutions qui essaient de fournir un encadrement aux masses noires en formant des enseignants, des professionnels de santé, ou dans ce cas, des pasteurs. Mais il présente la particularité d'être presbytérien. Dans le parcours de John junior Rice, le fil rouge familial est la poursuite éperdue de l'éducation ; c'est pourquoi, explique-t-on, n'ayant plus d'argent après sa première année d'études, il accepta d'abandonner le méthodisme dans lequel il avait été élevé pour passer chez les presbytériens, qui prenaient en charge les études de ceux qui deviendraient ministres de leur foi : un heureux hasard sur sa route en quelque sorte. En réalité, cette bonne fortune, ou ce choix très avisé, eut des conséquences majeures pour la famille.

Les églises noires du sud des États-Unis sont souvent confondues dans un ensemble flou qu'on réduit à des pratiques très extériorisées, parfois débridées. C'est masquer une diversité qui recouvre aussi de fortes hiérarchies sociales. Les différentes églises méthodistes et baptistes encadrent la masse et cultivent une expression de la foi spontanée dont le monde extérieur a une image pittoresque. À l'autre extrême, l'église épiscopalienne est le *nec plus ultra*. Jugée de statut supérieur même par les Blancs, elle ne se scinde pas comme le font la plupart des églises après l'émancipation et les Noirs, qui y étaient nombreux auparavant, et qui continuent à en faire partie, appartiennent à une classe supérieure qui regarde souvent comme « barbare » le style très émotionnel des églises noires populaires. Un cran en dessous de ces aristocrates, mais encore très élitiste, on trouve l'église presbytérienne. Elle non plus n'apprécie pas les débordements, elle est réputée pour un culte compassé et intellectualisé, sans chaleur ni émotion — autant d'éléments qui marqueront profondément le style familial, et qu'on retrouve chez la très pieuse Condoleezza. De plus, aux yeux des autres fidèles, les presbytériens sont des snobs et, au début du XXe siècle en tout cas, ceux qui adhéraient à cette église avaient la réputation de chercher à progresser dans l'échelle sociale plus qu'ils ne se souciaient d'assurer l'encadrement spirituel de la masse de leur « peuple ». Ils ne sont d'ailleurs que quelques dizaines de milliers. Leurs congrégations sont petites, éduquées, prospères, les offices y sont calmes et réglés, et les maîtres mots sont éducation, travail et argent. Par cet acte fondateur, John junior Rice — devenu pour l'histoire « Granddaddy Rice » — fait pénétrer sa famille dans un autre monde. Envoyé d'abord exercer en Louisiane, il crée ensuite l'église presbytérienne de Birmingham qu'il « léguera » à un de ses deux enfants, John Wesley Rice, né en 1923, le père de Condoleezza.

Dans l'autre branche de la famille de Condoleezza, les Ray, on retrouve les mêmes origines, et le même succès par d'autres voies : une arrière-grand-mère éduquée, concubine d'un propriétaire blanc, qui ne manque pas de transmettre ce précieux capital à ses trois enfants. Les deux filles, grand-tantes de Condoleezza, font partie de ces promotions d'élite qui sortent, au compte-gouttes, de la célèbre école modèle pour les Noirs, le Tuskegee *Normal and Industrial Institute,* fondé par Booker T. Washington lui-même en 1881 pour y appliquer ses principes. Au terme de cette éducation à la fois classique et professionnelle, elles deviennent infirmières, parmi les premières dans l'Alabama. Le fils, Albert Robinson Ray III, mène une vie plus aventureuse : parti de la maison à treize ans, il s'éduque plus tardivement que ses sœurs, et pratique divers métiers qui l'amènent dans les mines de Birmingham où, après la Première Guerre, il devient entrepreneur et construit des maisons. De Mattie Lula, jeune fille noire ayant de l'éducation, il a cinq enfants dont, en 1924, Angelena, la mère de Condoleezza.

Les Ray et les Rice font partie du même milieu de bourgeoisie noire caractérisé par sa respectabilité et un conformisme intense : la vie est chose sérieuse, Dieu aussi et le travail tout autant. Heureusement pour Condoleezza, alors que les Ray ont la réputation d'être vraiment sinistres, et qu'en photographie, « Granddaddy Rice » ne prête pas à plaisanter, son père John Wesley Rice est le débonnaire de la famille. Le samedi, à l'église, il laisse même les jeunes danser, ce que les parents acceptent parce qu'ils ont toute confiance en lui.

Ils mènent tout à fait l'existence en marge que nous avons évoquée. À Birmingham pourtant, la ségrégation est un mode de vie, la ville est hérissée de signes qui rappellent les interdits légaux et les tabous sociaux. Beaucoup de Noirs les ont intériorisés et ne les voient plus. Mais les Rice, et les Ray plus encore, évitent consciemment de toucher les limites imposées pour mieux les ignorer. Ils en ont les moyens, puisqu'ils n'ont pas à aller travailler pour les Blancs ni chez des Blancs. Le grand-père Albert est indépendant, c'est un entrepreneur ; les autres travaillent dans des églises, des écoles, des hôpitaux entièrement noirs. Ils en préservent aussi volontairement leurs enfants. Un oncle de Condoleezza, Alto Ray, déclara un jour qu'il n'avait jamais eu l'occasion de monter dans un bus où les places des Blancs étaient devant et celles des Noirs à l'arrière, un de ces bus où Rosa Parks décida en 1955 que pour elle, la ségrégation était terminée : les Ray ont été la première famille noire de Birmingham à posséder une voiture et ses parents le conduisaient s'il le fallait. De même, on ne se lançait pas dans des expéditions qui auraient nécessité d'aller aux toilettes et d'apercevoir le signe « Réservé aux Blancs » : on allait aux toilettes et on se restaurait uniquement à la maison. Condoleezza dit elle-même que ses grands-parents « s'étaient rendus libres de la société environnante et de ses codes. Ils ne se sentaient pas captifs ». Mais cette liberté n'existait qu'au prix d'une vigilance de tous les instants, consistant à ne jamais s'approcher trop près du mur de la prison, à vivre dans un ghetto choisi, et à protéger les enfants par omission. Lorsque, à l'occasion, ceux-ci traversent une autre partie de Birmingham, font des observations curieuses et demandent ce que sont les lois *Jim Crow*, on leur répond de ne pas s'inquiéter et que « ce n'est pas leur problème ». Mais pour ne rien savoir, il fallait s'abstraire de la vie publique. Pour un pasteur engagé dans des activités sociales, ce n'était pas si facile. John

Wesley Rice était d'ailleurs ami de Arthur Shores, le seul avocat noir de la ville, dont la maison sauta à l'explosif deux fois, en 1949 et en 1963. Cette année-là, il devint bien difficile de faire comme si le Ku Klux Klan n'existait pas, et le père de Condoleezza alla prendre sa place avec les hommes du quartier dans les patrouilles de nuit. Bientôt, il ne serait plus possible de vive en marge de l'histoire.

La stratégie parentale

John Wesley Rice et Angelena Ray sont le produit de ce monde et ils réunissent toutes leurs forces dans un projet unique qui va occuper leur vie, un projet parental très élaboré et pensé. « De vrais stratèges », dira leur fille. Ils font valoir tout ce qu'il y a de meilleur dans les deux lignées dans la personne de leur enfant, en « missionnaires de l'éducation », dit encore l'intéressée.

Toutes les conditions sont réunies : John Wesley Rice, le père, est un héritier qui met les pieds dans les pas de son propre père. Né en Louisiane, à Baton Rouge, où son père a commencé son ministère, il entreprend ses études dans la même institution noire, le Stillman Institute de Tuscaloosa, avant de les compléter dans un autre établissement presbytérien de Caroline du Nord. Après son diplôme en 1948, il occupe un premier poste à Baton Rouge, comme son père vingt ans plus tôt, et à la mort de celui-ci, en 1951, hérite en quelque sorte de l'église presbytérienne de Westminster sur la 6e Rue à Birmingham que son père a fondée puis développée. Comme beaucoup de pasteurs, celui qu'on appelle « Doctor Rice » consacre une grande partie de son temps aux organisations de jeunesse : il est entraîneur de l'équipe de basket et de l'équipe de football, conseiller scolaire dans un grand établissement, Ullman High School, et pour arrondir ses fins de mois, enseigne aussi au lycée professionnel de Fairfield. C'est là qu'il rencontre Angelena Ray, jeune femme assez effacée ; élevée de façon extrêmement stricte dans une famille nombreuse, elle est très proche de ses sœurs. Très soucieuse d'élégance vestimentaire, elle a pour passion le piano, et enseigne les sciences en plus de la musique. Tous deux ont une trentaine d'années, une vie professionnelle, il est temps de s'établir. John et Angelena partagent la même foi profonde, l'amour de l'enseignement et l'ambition affirmée de progresser dans leur carrière. Les familles ne pouvaient pas souhaiter mieux. Le mariage a lieu en 1954. Ils partent bien dans la vie : non seulement John Wesley a « hérité » de la congrégation de son père, mais à son arrivée, on a rebâti l'église en briques rouges avec un appartement pour le couple. Ils ont de bons salaires — outre que la famille Ray est très aisée, selon les critères locaux — puisque depuis 1947, les enseignants noirs, qui gagnaient jusque-là 60 % du salaire des Blancs, gagnent désormais la même chose. Ils peuvent fonder une famille.

C'est bien le projet qu'ils mettent en œuvre immédiatement, puisque Condoleezza naît le 22 novembre 1954, et la famille se met au travail. Ils ont les espérances et les exigences qui étaient celles de leurs parents, qui ont réussi et qu'ils approuvent, mais ils vont faire mieux, de façon plus méthodique. Pour être sûrs de ne pas se disperser, c'est sur un seul enfant qu'ils reportent tout l'investissement éducatif de trois générations, afin qu'il en tire tout le profit. Fruit d'un mariage assez tardif, Condoleezza reste donc enfant unique. Sa mère avoue quelques années plus tard qu'elle ne voulait pas avoir d'autre enfant pour « ne pas retirer à Condoleezza tout l'amour auquel elle avait droit ». De toute façon, l'élever est un plein temps, étant donné le programme qui lui est tracé. Condoleezza porte un heureux nom : sa mère a pris la liberté que se donnent les Noirs depuis qu'ils ont abandonné les prénoms bibliques et ceux de la société anglaise pour forger un nom à leur convenance. Elle choisit *con dolcezza*, « avec douceur » sur les partitions de piano, ce qui manifeste son amour mais est déjà tout un programme : l'enfant sera vouée à la musique. Angelena Rice adore sa fille ; elle sera toujours la plus belle et la mieux habillée, celle dont on repasse amoureusement le moindre ruban, que l'on emmène uniquement dans les meilleurs magasins — blancs aussi. L'argent impose le respect, sinon la mère sort ses griffes. Dans ces rares occasions, souvent citées, cette petite femme qu'on dit timide donne à sa fille de précieuses leçons de dignité. Comme le dira plus tard Colin Powell, dont l'épouse est née dans ce milieu d'éducateurs de Birmingham, elle a été élevée « pour être une vraie dame ».

Angelena Rice laisse libre cours à sa passion éducative. L'emploi du temps de Condoleezza, esprit cultivé dans un corps sain, est soigneusement mis au point. On varie les écoles et les différents lieux d'apprentissage pour l'exposer sans cesse à une nouvelle compétition ; pas question qu'elle s'endorme une fois qu'elle a montré qui est la première. À ce rythme, elle saute deux classes, le CP et le CM2. Mais lorsque l'école refuse de lui en faire sauter une, la mère en prend son parti : elle se met en congé pour se consacrer entièrement à sa fille. Le père n'est pas en reste. Il voulait un fils. Avec celle qu'il n'appelle que « ma petite étoile », il a les deux : une gentille petite fille pour chanter à l'église, un enfant qui partage sa passion du football — à son tour de faire l'enseignant tous les dimanches devant les matchs, ce qui permet à Condoleezza, incollable sur les équipes, les victoires et les défaites, les stratégies aussi, d'être la femme qui en remontre à tous ses collègues masculins à l'Université comme au gouvernement. Il lui fait faire, en accéléré, tout ce qu'il propose à ses jeunes de Titusville qu'il encadre dans des organisations de type scout. Et c'est aussi avec elle qu'il commente le journal, en particulier les nouvelles internationales. Cette enfance est protégée autant que faire se peut du racisme de la société globale : dans les écoles que fréquente Condoleezza, il n'y a que des Noirs ; elle aurait vu son premier Blanc à quatre ans... Dans la ville de la ségrégation, on ne se risque pas, sauf pour les incursions chez des commerçants choisis. Sinon, on vit en famille, en fait à l'église où l'on passe tant de temps, et autour de l'église dans le quartier où les paroissiens sont du même milieu. Et on prend la voiture pour aller se distraire ailleurs, dans les États du Nord et de l'Ouest de préférence.

Chose étonnante, tant de bonnes intentions, de volonté de bien faire, d'entêtement et de fatigue, ce climat oppressant d'excellence et de compétition permanente, tout cela fonctionne et atteint son but. Pour les parents, cette éducation n'a rien d'anormal : ils ont eux-mêmes été élevés de façon exigeante, et comme ils sont deux et n'ont qu'une élève sous la main, le rythme s'accélère. Sont-ils orgueilleux ? Ils font de façon plus intense à la maison ce que le père, et d'autres éducateurs autour de lui, essayent de faire pour tous les jeunes qu'ils guident, et qu'ils poussent le plus possible. Le révérend Rice, infatigable organisateur d'activités pour la jeunesse, jouit d'un très grand prestige auprès de ses jeunes ; deux choses comptent pour lui dans l'existence, Dieu et l'éducation, et il veut leur apporter les deux. Condoleezza, dont ses parents ont fait vérifier qu'elle est surdouée, mérite bien tout cela : on le lui doit.

Souvent, un tel régime d'enfer rend un enfant éteint, mécanique ou odieusement tyrannique, ou finalement, s'il lui reste quelques forces, révolté. Pas Condoleezza. Un petit miracle a lieu dans la rencontre entre ces parents stakhanovistes de l'apprentissage, se consacrant à un gavage permanent, éducateurs de toutes les minutes, et le petit génie, enfant précoce et enfant modèle à la fois, jamais assouvi, qui aime cela et en redemande. Non seulement elle ne s'effraye pas d'être chargée d'un si lourd fardeau et de telles espérances, mais elle adhère aussi consciemment que papa et maman au projet parental de perfection. Satisfaire ses parents lui est facile, car c'est se satisfaire elle-même. Le trio est bien parti, dans une totale harmonie : au piano à trois ans, sa grand-mère lui apprend son premier hymne, *Quel ami est pour nous Jésus*, mais elle fait ses exercices sans qu'on le lui rappelle, elle demande vite des leçons et joue Bach et Beethoven avant que ses pieds n'atteignent les pédales ; elle fait de la danse, elle a droit à des leçons privées de français ; dans ce monde où la première chose qu'un enfant noir apprend à lire pour éviter les ennuis, c'est le panneau « Réservé aux Blancs », elle n'a pas l'occasion d'en déchiffrer ; elle fait son apprentissage grâce à une machine à lire, pour aller plus vite, et sans se disperser : elle n'accède qu'à des lectures sérieuses. Elle dira plus tard « n'avoir pas développé le goût de la lecture comme loisir ». Elle chante et joue à l'église — papa en chaire, sur sa droite maman à l'orgue, sur sa gauche la fille au piano. Pendant les vacances, on visite les grands monuments américains, et les campus à travers le pays — on s'y arrête pour prendre des cours souvent, car les parents poursuivent leur éducation.

A-t-elle le temps d'être une petite fille ? Ses amis d'enfance disent qu'elle les fréquentait, mais se souviennent d'avoir toujours dû attendre qu'elle ait fini ses devoirs et ses exercices. Elle joue quand même facilement à la maîtresse. En tout cas, elle est très sage : elle sait que sa mère ne la quitte jamais des yeux, et si la voisine veut fermer la porte du garage où les enfants jouent, elle prévient : dans ce cas elle rentrera chez elle, car sa mère ne la verrait plus par la fenêtre. Angelena la couve. Par inquiétude ou pour gagner du temps, elle lui achète son stock de gâteaux des scouts plutôt que de la laisser aller les vendre au porte à porte. Ordre et discipline totalement assumés, Condi a laissé à de nombreux condisciples l'impression d'avoir toujours été une adulte. C'est d'ailleurs ainsi que ses parents la traitent : le père, lorsqu'il l'emmène dans toutes les activités qu'il organise pour des enfants plus âgés, et la mère, qui explique à la résidence universitaire de New York où John Wesley Rice a une bourse pour l'été, mais où l'on n'admet pas les enfants, qu'en fait, ce n'est pas vraiment une enfant — et elle finit d'ailleurs par avoir gain de cause ! Parents et enfant sont également d'accord pour faire profiter le monde environnant de tant de perfection : les parents Rice mettent beaucoup leur fille en avant, dans les réunions d'enseignants, les réunions d'école, toute la vie sociale de l'église, tous les concours musicaux ou autres qui peuvent être organisés. À une occasion, le père, constatant qu'une petite fille qui devait jouer le premier rôle au théâtre fait défaut, pousse sa fille sur scène à sa place ! Elle s'exécute, car la petite Condoleezza a un côté exhibitionniste ; elle se sait la meilleure, elle aime l'effort et la récompense, elle aime la scène et les applaudissements.

Il ne faut pas attendre les succès ultérieurs à l'Université pour constater, dès l'adolescence, que l'entreprise est couronnée de succès. « Mes parents voulaient que je sois si bien préparée et que je fasse si bien toutes les choses qui sont appréciées dans la société blanche que je serais en quelque sorte armée contre le racisme. Je serais armée pour affronter le monde blanc sur son propre terrain. » Ils réussissent : elle en sait plus, est prête à toutes les compétitions, n'a pas le moindre complexe et un ego invulnérable. Ils ne doutent pas et elle ne doute pas plus : tout est possible, l'échec n'est pas envisageable. Cette assurance est un atout de premier ordre, même si son expression jamais dissimulée peut confiner à l'arrogance lorsqu'un obstacle se présente. Condoleezza sait qu'elle vaut mieux que les autres et parfois, elle le leur dit. Arrogance peut-être, défense aussi forcément : une cousine de Condoleezza, Connie Rice, qui parle plus volontiers de leur expérience, explique bien comment, pour ignorer le monde extérieur de cette façon, il fallait s'ériger en forteresse — le clan des Ray et des Rice en est une, mais chacun doit aussi le faire à titre individuel. Pour empêcher toute présomption d'infériorité de pénétrer jusqu'à vous, il fallait construire un mur. « Moi, j'ai creusé cinq fossés autour de ma forteresse, dit Connie Rice, elle, elle en avait une douzaine, des défenses formidables. » Ainsi se préserve-t-on de la méchanceté du monde — quitte ensuite, du haut de sa tour, à lui paraître trop lointain.

Le fonctionnement de cette famille laisse également perplexe. Dans le fond, ils étaient trois adultes complices, il n'y a jamais eu de vrai enfant dans cette histoire de petite fille née comme une élève tout armée de la cuisse de son professeur. Les parents, héritiers conscients d'un capital d'excellence, ont décidé si méthodiquement de le faire fructifier qu'on a l'impression qu'ils n'ont pas formé une famille avec ce que cela comportera de développements heureux ou non au gré de la vie, mais plutôt planifié une entreprise : dans ce trio, chacun a son plein d'affection et travaille ensemble au même but. Mais ils restent des personnes avant d'être les membres d'une famille, même si elle est très soudée. Une amie de Condoleezza note avec un certain étonnement que ses parents ne lui ont pas donné l'impression qu'il fallait avoir un enfant pour mener une vie heureuse. La leur pourtant s'est accomplie à travers un enfant, pourrait-on croire — mais il faudrait en savoir plus sur John et Angelena : totalement investis dans leur projet éducatif, ils n'en sont pas prisonniers comme on pourrait s'y attendre. Ils ont à la fois tout donné à leur fille, sans se replier sur elle, ni d'ailleurs l'absorber, en continuant à faire eux-mêmes ce qu'ils voulaient lui apprendre à faire, c'est-à-dire poursuivre un accomplissement personnel. Jusqu'au bout, ils ont cherché à se perfectionner et ont poursuivi des études. Angelena a passé son dernier diplôme, le *Master of Arts* en éducation en 1982, trois ans avant sa mort et l'année même de la retraite de son mari, lequel a été un éducateur — sa vocation profonde — jusqu'à son dernier souffle. Après tout, s'il fallait s'armer pour conquérir le monde, la famille ne pouvait lui être fermée. Mais gardons-nous de réduire leur passion à un calcul. Les parents de Condoleezza Rice ont poursuivi le projet de tous les parents, mais en se donnant stratégiquement tous les moyens de réussir, et avec une foi suffisamment déraisonnable pour avoir finalement raison. La cousine Connie dit d'eux qu'ils voulaient la libérer de toutes les entraves, mentales et physiques, qu'ils voulaient qu'elle possède le monde. « Pour donner à un enfant ce genre de possibilité, ajoute-t-elle, il faut l'aimer à l'infini et lui faire croire qu'il peut voler » — ou arriver à la Maison Blanche. Ce qu'ils ont réussi en plus à lui transmettre malgré le danger fusionnel de la famille à enfant unique, c'est la conviction intime qu'il faut d'abord être un individu, être soi-même. Ils ont mis ce principe en vigueur dans leur propre vie, avec l'optimisme chevillé au corps et lui ont donné une extraordinaire liberté intérieure. Cela éclaire en partie la suite de la vie de Condoleezza Rice : lorsqu'elle affirme que les enfants ne lui manquent pas, alors qu'on sait à quel point l'esprit de famille est important pour elle, on comprend qu'elle est sincère parce qu'elle a été élevée dans une famille où, paradoxalement, l'enfant était roi sans être un enfant. On comprend mieux aussi cet individualisme farouche, qui explique ses relations avec la communauté noire — nous y reviendrons — et qui est son credo. Dans un des témoignages qu'elle apporte régulièrement dans son église, Condoleezza Rice dit un jour : « Quand nous disons à nos enfants qu'ils font partie d'une minorité, nous ne le disons pas d'une manière qui leur fait comprendre que c'est un aspect de leur personne, mais comme si c'était un désavantage qu'on ne peut pas surmonter en travaillant dur, en ayant accès à l'éducation. Je pense qu'on leur envoie le mauvais message si l'on se contente de souligner à quel groupe ils appartiennent, plutôt que le fait que ce groupe est un aspect d'eux-mêmes, mais que ce qu'on est, on l'est en tant qu'individu... Je ne nie pas l'existence du groupe, mais je pense que l'important, c'est d'en appeler à la valeur et aux capacités de chaque individu. »

Cette personnalité s'est forgée dans un monde parallèle, celui de la bourgeoisie noire de Birmingham avant la déségrégation, et pas dans un monde de racisme, d'affrontement et d'humiliation — un monde protégé, volontairement et avec minutie par les parents —, parce que séparé. Elle a pourtant connu le pire de l'affrontement, en 1963, mais de façon atténuée, sans y participer ni en être troublée dans son quotidien. Le succès du mouvement des droits civiques était aussi un défi : avec le mur du racisme, la fiction d'un monde séparé disparaît aussi. Il ne serait plus possible de vivre en faisant semblant d'ignorer ce qu'il y avait de l'autre côté de ce mur qui venait de s'abattre, qui était le mur d'une prison pour les Noirs, mais qui était aussi le mur du jardin de l'enfance — tant qu'on ne le franchissait pas, les choses se passaient si bien. Elles risquaient d'être moins paisibles dans le Birmingham des années suivantes, où imposer la déségrégation n'allait pas de soi et où il fallut mener encore d'âpres combats auxquels, alors, personne ne pouvait se soustraire. Cette victoire, la chute d'un mur de racisme, les Rice l'ont aussi fêtée, à leur manière. Ce qui comptait symboliquement pour les Noirs de la ville, c'était de pouvoir s'asseoir également dans les cafétérias comme celle du grand magasin Woolworth, qui partout dans le Sud, fut la cible de sit-in prolongés. Les Rice, confits de respectabilité mais militants à leur façon, celle des individualistes, furent l'une des premières familles noires à pénétrer dans un grand restaurant de la ville. Il y fallait du courage, et ils n'en manquaient pas. Ils obtinrent aussi l'inscription de Condoleezza, première petite fille noire, au conservatoire de musique.

Mais les combats plus violents pour faire valoir leurs droits leur furent épargnés : c'est l'époque où ils quittent Birmingham, non pour la fuir, mais parce que se présente une possibilité de progresser dans la carrière pour John Wesley Rice — toujours sur les traces paternelles d'ailleurs, puisqu'on lui offre de devenir doyen des études au Stillman Institute dont son père et lui-même sont diplômés. Il y développera ses talents de conseiller pour les jeunes plutôt que d'enseignant. Il n'est pas question de refuser : l'un des fondements de ce mariage, c'est la progression sociale et professionnelle. Et puis ce n'est pas une vraie rupture. Outre la familiarité des Rice avec l'institution, Tuscaloosa, petite ville tranquille, n'est qu'à une soixantaine de kilomètres de Birmingham, les Rice ont une voiture et on vient juste d'ouvrir l'autoroute : on ne perdra pas le contact avec la famille, sans doute même espère-t-on revenir plus tard. Condoleezza passe là trois années de lycée dont on ne sait rien, mais qui ne durent pas

modifier beaucoup son rythme de vie ni la diligente
attention de ses parents. Pourtant, finalement le
départ est définitif car, carrière oblige, la promotion
suivante arrachera les Rice du Sud où ils ont leurs
racines, pour le Colorado.

3.

UNE JEUNE FILLE PRESSÉE

Quitter le Sud profond pour l'Ouest, à deux mille kilomètres de là, c'est changer de monde. C'est quitter la touffeur de l'Alabama pour gagner, quinze cents mètres plus haut, les montagnes et les neiges du Colorado, échanger la douceur des printemps pour des automnes plus sereins ; c'est surtout quitter un climat étouffant socialement, un chaudron de la lutte raciale, gorgé d'histoire et de haines, auxquelles il est difficile d'échapper, alors même qu'on a décidé de ne pas s'en mêler, qu'on n'est pas militant, au moment où le mouvement des droits civiques va devoir mener encore des combats épuisants pour imposer l'application du *Civil Rights Act*, afin de s'installer dans une ville dynamique, ouverte, qui a sa communauté noire, mais qui n'a pas connu le temps de l'esclavage et où l'on respire un autre air, celui de la liberté.

Cela étant, la famille Rice ne quitte pas le terroir pour l'inconnu, mais pour un lieu déjà très familier. Au cours des années précédentes, John Wesley Rice, toujours en quête de perfectionnement, est venu régulièrement passer l'été à Denver pour y acquérir un diplôme ; il va occuper un poste dans l'Université où il a étudié. Pendant ces séjours, sa femme également suit des cours. Condi, toujours du voyage, ne perd pas son temps : elle fait du sport, au rythme qu'on lui connaît déjà, et la patinoire lui sert de baby-sitter, dit-elle. Non seulement elle quitte l'Alabama sans se retourner — ne pas s'attarder sur le passé, c'est une règle —, et elle n'en exprimera jamais aucune nostalgie, mais elle attend même avec joie ce départ pour Denver : elle va y retrouver un partenaire avec qui elle pourra faire du patin tous les jours ! On le voit, la famille emporte avec elle son mode de vie si réglé, ses habitudes et ses ambitions ; elle sera juste plus au large pour les poursuivre, dans un dépaysement bienvenu.

L'adaptation se passe d'autant mieux qu'elle s'accompagne d'une ascension sociale, et que l'Université facilite les choses sur le plan matériel. Les Rice s'achètent une maison dans le quartier d'Englewood au sud de la ville, près de l'Université. Un peu plus loin, sur la même avenue, est située l'école Sainte Marie, tenue par les sœurs de Lorette. Celles-ci ont renoncé à un public strictement catholique et accueillent les autres religions, et, depuis peu d'ailleurs, les minorités. L'établissement, ancien et respectable, est réputé à la fois pour son niveau et pour l'éducation stricte qu'il dispense ; le collège est mixte, mais au lycée, on ne reçoit que des filles. Traditionnellement, tous les universitaires y envoient leurs enfants. Les Rice ne feront pas exception. Bien entendu, la vie de la famille ne saurait se concevoir sans l'église, et John Wesley Rice est rapidement pasteur associé à l'église presbytérienne de Montview, tout de suite accueillante. École, sport, musique, religion, tout se met en place.

Un père heureux

Celui qui s'épanouit vraiment, c'est le père, John Wesley Rice, qui connaît une promotion à l'Université, y déploie ses talents d'organisateur et de conseiller sur une plus grande échelle qu'à Tuscaloosa, organise aussi les études noires, est influent dans sa paroisse. Libéré des lois racistes, confronté sans doute à des préjugés bien moins pesants, cet homme vraiment remarquable peut donner toute sa mesure. C'est immédiatement après son succès au *Master of Arts* en éducation en juin 1969 que l'Université de Denver lui offre un poste de directeur adjoint des admissions, dans le but clairement affiché de favoriser la diversité du recrutement ; bénéficiaire de l'*affirmative action*, la discrimination positive, il est chargé d'en faire bénéficier d'autres. Mais son rôle de conseiller ne lui suffit pas. Tout de suite, il redevient également enseignant, et, dans la droite ligne des objectifs qu'on lui a confiés, organise un cours intitulé l'« expérience noire aux États-Unis ». Ce programme, très complet, suivi par un large public, et qui permet de donner une tribune à de grands acteurs de la lutte pour l'émancipation, éclaire rétrospectivement sa position à l'égard du mouvement des droits civiques. S'il était en retrait à Birmingham, ce n'est pas pour les motifs peu honorables que, assez légitimement dans le feu de l'action, les militants engagés ont pu attribuer à la bourgeoisie noire : se tenir à l'écart pour conserver ses privilèges, même limités, plutôt que de risquer son confort pour améliorer le sort de tous, ou au mieux pratiquer un individualisme ignorant des souffrances de la masse. C'est parce qu'il croit vraiment à son idéal et à la supériorité du développement par l'esprit et l'éducation. L'occasion lui en étant donnée, il favorise de son mieux l'expression et la compréhension des militants des droits civiques par les Noirs eux-mêmes et par l'ensemble de la société. Il n'hésite pas aussi à encourager le recrutement d'étudiants et de professeurs noirs et organise même un programme d'échanges avec les *Colleges* noirs, comme celui de Tuscaloosa dont il vient. À Denver donc, sa carrière progresse de façon remarquable en cinq ans. En 1974, il passera d'assistant à professeur adjoint, ce qui reste un rang modeste, mais c'est surtout dans les fonctions administratives qu'il progresse, devenant vice-doyen du département d'arts et sciences en 1973 puis vice-chancelier l'année suivante.

À l'église presbytérienne, où plusieurs pasteurs collaborent, il prêche régulièrement. S'il ne peut s'impliquer à plein temps, en raison de ses obligations à l'Université, il se consacre aux paroissiens et, nostalgique sans doute du programme pour les jeunes qui faisait sa fierté à Birmingham, anime un programme de formation continue pour les adultes. Ici, c'est le contraire du Sud : être noir ne le dessert pas, mais lui donne une aura particulière. On apprécie le charisme du Dr Rice et sa façon d'affirmer son appartenance ethnique avec assurance mais sans agressivité, qu'il a transmise à sa fille. Une anecdote illustre à la fois la philosophie, la méthode et l'influence de l'homme, son optimisme serein. Dans son église, à forte majorité blanche, un groupe qui s'évertue à favoriser l'intégration se demande comment faire venir plus de fidèles noirs. John Wesley Rice leur dit : il y a une église noire à quelques miles. Pourquoi certains d'entre vous ne vont-ils pas la fréquenter ? Sans acrimonie, en pédagogue, il met ainsi le doigt sur la condescendance dont les meilleures volontés sont encore prisonnières. Le quartier de son église, Park Hill, devient, grâce aux efforts de ses habitants, aiguillonnés par le pasteur

Rice, une communauté intégrée. Peu à peu, il est associé à la vie municipale où, à la fin des années 1970, il occupe des fonctions dans diverses commissions, en même temps qu'il fréquente désormais les clubs et associations des notables locaux. Au sommet d'une carrière réussie, John Wesley Rice est devenu un homme respecté dans la communauté, sans pour autant avoir jamais trahi ses idéaux, au contraire, puisque c'est en les mettant en œuvre qu'il a progressé socialement et professionnellement : sa famille peut en être fière et tout faire pour suivre ses traces.

Une élève modèle

À Sainte Marie, la jeune fille se met aussitôt au travail, pour la première fois dans une école « intégrée », autant dire une école blanche, car il n'y a que trois Noirs sur les soixante-dix élèves que compte son niveau. Cette plongée d'un monde uniquement noir dans un monde presque uniquement blanc semble s'être passée de la façon la plus naturelle du monde, car elle qui est prompte à faire valoir ses droits n'évoque jamais par la suite d'occasion où elle aurait dû s'imposer sur le préjugé.

En plus de l'école et de la musique comme à Tuscaloosa, Denver offre un nouveau champ de compétition, le sport, et elle se fixe de nouveaux défis, en tennis et surtout en patinage artistique. Se lever à 4 h 30 chaque jour pour aller à la patinoire n'empêche pas la jeune musicienne de pratiquer des heures de piano tous les soirs sur le Steinway que ses parents, qui ne reculent devant rien, lui ont acheté : elle restait en effet le plus tard possible dans les salles de musique de l'Université pour s'entraîner, désormais elle pourra le faire à la maison sans perdre de temps. Aller à l'église, c'est une seconde nature — le grand changement est que ce n'est plus seulement celle de papa et que désormais, à la chorale du jeudi soir, il n'est plus présent... Quant aux études, Condoleezza y plonge avec son ardeur coutumière. Pourtant, un incident de parcours pourrait tout gâcher. La façon dont les Rice le traitent est révélatrice : après un bilan, un conseiller scolaire déclare sans hésitation que la nouvelle recrue n'est pas de taille à aller à l'Université. Les parents ne bronchent pas : si racisme il y a dans ce jugement péremptoire, ils ne sont pas gens à s'en émouvoir, et lorsque Condi était petite, ils l'ont emmenée spécialement dans un hôpital de Baton Rouge en Louisiane — où le grand-père puis le père ont exercé leur ministère — pour évaluer ses capacités. Ces premiers résultats ont dû être assez probants pour qu'ils en concluent qu'à Denver les tests ont été mal faits. L'adolescente, ancrée dans les certitudes qu'on lui a données depuis sa plus tendre enfance, n'en est pas plus ébranlée. L'affaire s'arrête là et ses résultats prouvent qu'elle a raison.

On comprend tout de suite le « profil » de l'élève : dominant toutes les disciplines, elle engrange des « A » partout, se révèle excellente en latin, matière de prédilection de l'élève avide de travail, et qui requiert une certaine forme d'esprit, mais elle n'a au fond pas d'attrait pour la littérature — elle n'a toujours lu que du sérieux, de l'utile. Dans un autre système scolaire, sans doute aurait-on orienté cet esprit précis, brillant, raisonneur, ce bourreau de travail, vers des études scientifiques. Le contexte familial, curieusement, n'est pas si défavorable qu'on pourrait le croire. Au lycée à Birmingham, sa mère, Angelena, a enseigné la musique, mais aussi les sciences. Mais à cette époque, elle est déjà malade, et pour elle il n'y a aucun doute : sa fille sera une grande musicienne ; elle-même a pratiquement consacré sa vie à cela. Cette jeune fille est désespérante de perfection. Les sœurs enseignantes, qu'on n'a pas manqué d'aller interroger plus tard lorsqu'elle est devenue une figure publique, ne tarissent pas de louanges : une enfant si mûre, si posée, pour l'une, déjà une *perfect lady* pour une autre...

L'âge ingrat ne la freine pas. Voilà une jeune personne qui n'aura guère causé de souci. Comme les Rice semblent avoir traversé la ségrégation hors du temps, elle traverse les années 1960 et 1970, celles de la jeunesse rebelle, sans en être affectée : elle n'a pas cessé d'aller à l'église, ne s'est jamais droguée, n'a pas cédé aux modes. La rébellion, elle ne connaît pas, et, note avec finesse Nicholas Lemann dans son portrait du *New Yorker*, cela l'effraye un peu : c'est le spectre du désordre, le contraire de sa qualité essentielle — presque un mot d'ordre : la discipline. Par nature, nullement par peur, elle est et restera profondément conformiste. Faut-il chercher l'ombre d'un différend avec ses parents ? À la rigueur, lorsque, à l'entrée en terminale, elle a déjà un tel niveau, qu'ils estiment que ce serait perdre son temps que de continuer le lycée, où elle a d'ailleurs sauté deux classes, et souhaitent donc la faire passer directement à l'Université. L'adolescente refuse de renoncer à cette année : elle n'a pas la tentation de ralentir le rythme, mais elle tient à finir le lycée pour participer avec sa classe à la cérémonie de *graduation*, la remise de diplôme de fin d'études secondaires qui est un rite de passage important pour tout jeune Américain. On y verra un signe de bonne intégration, sans doute le désir de ne pas manquer l'occasion de voir ses mérites supérieurs reconnus en public. Le compromis — on connaît de pires sorties d'une crise d'adolescence —, c'est... qu'elle fera les deux. Après le patinage, Mlle Rice passe donc la matinée à l'Université et l'après-midi à Sainte Marie, avant de reprendre son piano. Bien lui en a pris, puisqu'en fin d'année, elle fera plus d'une envieuse en se présentant au bal de la *graduation* au bras d'un joueur de l'équipe de hockey de l'Université — rêve inaccessible aux autres lycéennes —, le premier de la liste de sportifs qui lui serviront de cavalier au fil des ans.

Condoleezza fait tout bien, et tout mieux si possible, c'est une éternelle première de la classe. Être la première, c'est être perfectionniste. Sans doute est-ce nécessaire pour être « deux fois meilleure », pas meilleure que les garçons contrairement à ce que l'on attendrait — cette comparaison, apparemment, ne lui vient jamais à l'esprit — mais peut-être meilleure qu'un concurrent abstrait, le Blanc. Cela exige un effort permanent sur soi-même — Angelena a réussi à le lui inculquer dès ses toutes premières années — et une confrontation permanente aux autres. Et ce qui est peut-être le plus constant dans toute la scolarité puis la carrière de Condoleezza Rice, c'est un féroce esprit de compétition. Entre le jour où elle fut première petite fille noire à entrer au conservatoire de Birmingham et celui où elle devient la première femme noire conseillère pour la sécurité nationale et première Secrétaire d'État, elle a collectionné les premières places. Concourir, comme se produire sur scène, lui donne du tonus. Sa famille, si maternante, ne l'a pas étouffée mais toujours poussée sur le devant. Une confidence laisse même le sentiment que son acharnement musical avait d'abord pour ressort une soif de paraître : lorsque vers dix ans, d'un seul coup elle en a assez du piano, c'est parce que, à l'approche de l'adolescence, elle n'est plus la mignonne petite fille en robe de taffetas qu'on invitait à se produire en toute occasion. Son public la délaisse ! Dès lors, à quoi bon jouer ? Ce public si désiré, ce sont d'abord les voisins, les fidèles de l'église, les professeurs de l'école ; ce sera ensuite celui de l'Université, et finalement les responsables politiques, auxquels elle joue une autre musique, mais qu'elle aime tenir en admiration par ses brillants exposés. Avoir la mentalité de premier de classe, c'est aussi se faire bien voir du professeur, le préférer aux autres élèves, aller vers lui plutôt que vers eux. C'est ce qu'elle fera toute sa vie. Et qu'y a-t-il de mieux que de se faire bien voir du professeur ? Devenir professeur soi-même. Joseph Korbel lui avait garanti qu'elle le ferait très bien. Elle le fera en effet, jusqu'à — honneur suprême — être l'institutrice choisie pour donner des cours particuliers à George W. Bush, un élève un peu agité, avec une capacité d'attention limitée, mais auquel elle réussit à enseigner car elle adapte sa pédagogie à sa forme de raisonnement, outre qu'elle lui trouve bon esprit et lui pardonne tout.

Durant sa classe de terminale, comme tous les étudiants sérieux, Condi s'était lancée dans la recherche d'un établissement où poursuivre ses études. Elle envisage d'être candidate à la *Juilliard School of Music* à New York, conservatoire prestigieux qui correspond le mieux à ses aspirations et à ce qu'elle exige pour elle-même. Ce serait l'aboutissement naturel d'une formation depuis toujours centrée sur la musique et d'un projet commun de la famille. Il semble néanmoins que ce choix n'ait pas enchanté ses parents, pour les raisons qui préoccupent tous les parents du monde : une carrière artistique, certes, mais se spécialiser si tôt, n'est-ce pas risquer de couper tous les ponts derrière soi ? Laisser partir à New York une si jeune fille, quand elle a tout à la maison, est-ce bien nécessaire ? Le départ pour l'Université — qui est très souvent à bonne distance — est un rite essentiel qui marque en même temps la prise d'indépendance à l'égard des parents, auquel tous les jeunes Américains et leurs familles se préparent. Peut-être a-t-elle elle-même quelque hésitation à s'éloigner, voire de premiers soupçons sur la difficulté à suivre une voie qui lui semblait faite pour elle. Elle fait le choix, atypique et relativement peu ambitieux, de rester sur place, à l'Université de Denver. Elle expliquera par la suite qu'elle a ainsi profité des avantages d'une petite Université où l'on s'occupait de chacun sans faire de différence de sexe ou de race. Il est vrai qu'ayant déjà suivi les cours pendant son année de terminale, elle parle en connaissance de cause, mais l'explication est bien peu convaincante pour une battante qui ne songe qu'à se jeter dans la mêlée et à aller au-devant des défis pour prouver aux autres qu'elle est la meilleure. Peut-être aussi la peur de rompre une cellule familiale aussi soudée — sa mère est alors gravement malade — l'a-t-elle emporté sur son désir d'en découdre avec le monde.

À l'Université, elle s'est inscrite en matière principale à l'école de musique, puisqu'il reste entendu qu'elle se prépare à une carrière de pianiste. Elle vient d'ailleurs, dès son arrivée, de gagner un concours — toutes les compétitions sont pour elle bonnes à prendre — qui lui a permis de se produire avec l'orchestre symphonique de Denver. Même si ses études se déroulent le mieux du monde, avec toutes les récompenses que l'on peut espérer, Condi avouera plus tard à ses propres étudiants qu'elle négligeait un peu les cours mineurs — outre le piano omniprésent, elle en était alors à quatre heures de patinage par jour. Cela lui laisse cependant le temps d'assister aussi à certaines des conférences qu'organise le Dr Rice. D'une certaine façon, c'est moins à Birmingham, au cœur de l'action, qu'elle apprend la situation et la lutte du mouvement pour les droits civiques qu'à Denver, où les rapports interraciaux se passent bien. Le programme l'« expérience noire en Amérique » que son père développe sur plusieurs années à l'Université lui permet notamment d'inviter des notables comme Howard Robinson, le directeur exécutif du *Congressional Black Caucus*, une association des élus noirs qui penche du côté démocrate, le révérend Channing Philips, le premier Noir à figurer parmi les candidats à la candidature présidentielle, mais aussi un poète sud-africain et des activistes notoires, dont Louis Farrakkhan qui présente les *Black Muslims*. À l'église, parallèlement, elle a pu aller entendre Martin Luther King. Pour la jeune fille, qui, à l'occasion, joue le prélude musical des conférences, comme elle joue à l'église avant le sermon de papa, il s'agit non d'une découverte mais d'un apprentissage plus intellectuel qu'existentiel, et du premier contact réel avec des personnalités qui comptent dans la communauté — le seul de cette ampleur, a-t-on envie de dire. La rencontre marquante est celle de Fanny Lou Hamer, femme de la campagne qui devient sur le tard apôtre des droits civiques dans le Mississippi, où elle contribue grandement à démanteler les structures racistes du parti démocrate. Condoleezza, qui a eu peu d'occasions d'entrer en relation avec le petit peuple noir, est moins émue par le drame social, la misère ou l'oppression, qu'elle ne retient l'héroïsme d'un individu, d'une femme qui refuse de subir, agit et fait l'histoire : une leçon de vie, en quelque sorte, qui conforte celle que lui ont donnée ses parents.

Changement de cap

C'est à dix-sept ans que Condi a pris la décision la plus importante pour sa carrière et pour sa vie. Pour une jeune fille aussi brillante, plusieurs choix semblaient possibles, pianiste virtuose, athlète de haut niveau, universitaire de haut vol si elle continuait des études plus classiques. Mais a priori, ce choix était fait depuis longtemps. Même si le sport tenait de plus en plus de place et qu'elle s'y consacrait avec acharnement, ce n'était pas vraiment une carrière pour une jeune fille réfléchie et des parents attentifs. Toute son éducation, les espoirs de sa mère, de sa grand-mère, les années de travail quotidien la conduisaient à devenir musicienne. C'est elle qui décide brusquement, à la rentrée de 1971, de tourner le dos à sa vocation proclamée. Ce n'est pas qu'une passion chasse l'autre : le coup de foudre pour la Russie viendra au printemps suivant. Se détourner de la scène, de l'orchestre, est comme une mutilation. Et renoncer sans avoir tenté ? C'est que, nous l'avons dit, on est première ou rien. Or, a-t-elle expliqué de nombreuses fois par la suite, à l'occasion du stage qu'elle a fait cet été-là, cette certitude lui a manqué. Comme d'habitude, ses parents ont cherché pour elle le meilleur. Au festival de musique d'Aspen, station chic non loin de Denver, elle va se confronter à d'autres espoirs musicaux. En entendant des gamins bien moins âgés jouer mieux qu'elle et avec une apparente facilité ce qui lui a coûté et lui coûte tant à apprendre, elle saisit d'un coup que tout son travail ne peut remplacer autre chose, ce quelque chose qui lui manque. Réaction magnifique de maturité : elle ne se leurre pas, elle ne s'effondre pas, elle fait clairement le bilan de ses atouts, et comprend qu'elle est peut-être très bonne, mais qu'elle ne sera pas soliste, que même faire son chemin dans le monde de la musique professionnelle, des concerts, ne sera pas aisé du tout, et qu'elle risque donc de se retrouver après tous ces efforts à enseigner à des enfants « à massacrer Beethoven » selon ses propres termes, ou, comme elle le dit plus plaisamment encore, à jouer en fond sonore dans les grands magasins de luxe, les jours où elle ne sera pas de service à l'église. On mesure la force de caractère qu'il y a dans ce renoncement, même si, à des détails, on sent également que, de concours en représentations, l'éclat de la scène s'était atténué tandis que s'imposaient les banales réalités du travail ; le doute s'était donc insinué et la soliste en herbe en avait beaucoup rabattu sur le rêve. C'est peut-être ce qui lui permet de prendre une décision tranchée plutôt que d'engager une bataille qu'elle sait vaine.

Reste non à discuter avec ses parents, mais à leur annoncer ce qui est déjà une décision. Elle le fait de façon tout à fait directe : elle va changer de matière principale. On peut imaginer l'émoi, et sans doute la déception, de parents qui ne se sont pas contentés d'encourager mais qui, dans un projet éducatif à long terme, tenacement poursuivi, ont tout misé sur cette carrière de haut vol. Peu auparavant, encore, ils ont contracté un emprunt pour acheter un piano à queue — treize mille dollars, ce n'est pas rien. Se disent-ils qu'ils portent une légère responsabilité, eux qui, lorsque Condi avait manifesté un premier moment de découragement, à dix ans — ils étaient encore à Birmingham —, avaient décidé pour elle qu'il fallait poursuivre ? Le père, qui avait refusé qu'elle aille à la *Juilliard School*, se le reproche peut-être, à moins qu'il ne s'en félicite car, après tout, sa fille y serait sans doute parvenue aux mêmes conclusions. Peut-être ont-ils émis des doutes, surtout parce qu'aucune solution de remplacement ne leur était proposée, mais en tout cas ils acceptent : malgré l'enjeu, la famille s'en sort sans crise. Cet épisode est particulièrement révélateur à la fois de la personnalité de la jeune fille, mûre, décidée, directe et sans remords, mais aussi de ses liens de totale confiance avec ses parents. Pour leur part, ils la suivent parce qu'ils l'admirent et qu'elle fait toujours bien. Ils peuvent d'ailleurs être satisfaits puisque cette indépendance de leur fille illustre le succès de l'éducation qu'ils ont voulu lui donner : tu es la meilleure, tu n'as pas de limites autres que celles que tu t'imposes, ce que tu veux est bien. En 1989, Philip Zelikow, qui collabore avec Condoleezza dans l'équipe du Conseil pour la sécurité nationale auprès du Président Bush père, dit d'elle : « Elle considère que son message dans la vie, c'est de montrer que chacun doit réaliser ses potentialités. Pour elle, personne ne devrait jamais devenir prisonnier des aspirations des autres. » Y compris donc, de ses parents, et il faut une sacrée personnalité pour le leur dire à dix-sept ans. Mais c'est là qu'ils voulaient la mener, et leur grande réussite est qu'elle leur applique la leçon.

En profondeur, une recomposition des rapports familiaux vient d'avoir lieu. L'adolescente s'est muée en véritable adulte, non plus l'enfant-adulte qu'on voyait en elle depuis toujours. Subrepticement, la famille s'installe dans la situation où le parent ne guide plus, mais suit. Plus important encore, l'équilibre interne bascule, le passage de la musique aux études de relations internationales qu'elle va choisir étant lourd de symbole. La petite fille suivait les traces et les désirs de sa mère qui s'était entièrement dévouée à elle et se projetait dans sa future carrière. Mais le père, à sa façon, élevait son fils-fille dans tout ce qu'il aimait, de l'église au sport. C'est lui qu'elle rejoint et avec qui elle resserre les liens par un choix de carrière qui en fera probablement — le métier précis reste indécis — une femme publique, qui agit sur le monde et les autres, qui sort de la sphère quand même confinée que, dans l'atmosphère sociale raréfiée de Birmingham, la famille avait dû constituer, et qui le fait sur les traces de son père. Désormais, elle formera plus avec lui un tandem — on n'ose pas dire un couple même si, sur une photo de famille de 1972 devant l'Université de Denver, au côté du père massif et de sa grande fille élégante, pleine de prestance, on se demande au premier coup d'œil si ce n'est pas la mère, petite, tassée sur elle-même, avec sa jupe plissée et un visage tellement juvénile, qui est l'enfant de ce couple ! Leur complicité s'affirmera de plus en plus fort, et de façon plus visible après la mort de la mère. Celle-ci n'est pas évincée, l'union du père et de la fille ne se fait pas contre elle, il n'y a pas de guerre dans cette famille soudée. Angelena a été très affaiblie à l'arrivée à Denver : c'est cette année-là qu'on lui découvre un cancer du sein. Le jour où la nouvelle lui parvient, John Wesley Rice, devant sa fille, tombe à genoux et demande à Dieu de ne pas le laisser seul élever une fille de quinze ans. Pendant toutes les années qui suivent, ils seront deux à veiller sur une femme certainement affaiblie, mais qui poursuit sa vie, suit des cours, et ne sera vaincue que seize ans plus tard. Le couple alors resserrera encore ses liens, jusqu'à la mort de John Wesley Rice en 2000.

4.
LE DEUXIÈME PÈRE,
JOSEPH KORBEL

À l'automne de sa première année à l'Université, Condoleezza opère donc un choix radical en abandonnant brusquement, et sans tergiverser, sa majeure en musique pour chercher une autre orientation. La littérature anglaise n'est pas son style — qu'une tante, sœur de son père, soit une universitaire spécialiste reconnue de Dickens ne l'inspire pas — et surtout lui paraît un domaine trop peu rigoureux. Les cours de sciences politiques et administratives lui semblent ennuyeux. Au printemps, c'est dans un cours d'introduction à la politique internationale du professeur Korbel qu'elle trouve la révélation, la difficulté et le défi à sa mesure : elle sera spécialiste de la Russie. Comme on peut s'y attendre, elle se lance alors à fond dans l'étude de la langue, de la littérature et de la musique russes, en même temps que des relations internationales. Sous la férule de Korbel, elle obtient en 1974, à moins de vingt ans, son diplôme de *Bachelor of Arts*, la licence, avec les plus grands honneurs universitaires, comme il se doit, et elle est nommée la « femme d'exception de l'année », celle dont l'Université peut être la plus fière. Que s'est-il passé de décisif ? Tout part d'une rencontre.

Un écho d'Europe

Dans les années qui suivent la Seconde Guerre, une cohorte d'intellectuels et de responsables politiques vient chercher en Amérique une terre d'asile et s'agréger parfois au monde déjà organisé des émigrés d'Allemagne et d'Europe centrale que le nazisme a chassés dans les années 1930, et qui sont venus peupler notamment les Universités américaines de la côte est et de Californie. Cette seconde vague, qui fuit le communisme, arrive peut-être trop tard, et doit s'égailler dans tout le pays, en tout cas aller vers l'intérieur. Joseph Korbel, diplomate tchèque, avait déjà fui le nazisme mais en s'arrêtant à Londres, avec le gouvernement en exil de son pays. Après le coup de Prague qui porte les communistes au pouvoir, c'est toute l'Europe qu'il veut laisser derrière lui. Il se décide alors à faire franchir l'Atlantique à sa famille et c'est ainsi que de Belgrade il se retrouve, après une brève étape new-yorkaise, au pied des Montagnes rocheuses où on lui a offert de créer un centre de recherches internationales, comme d'autres Universités l'ont proposé à d'autres exilés de sa trempe. L'Université n'est pas son domaine jusque-là, il n'arrive pas bardé de titres et de publications, mais fort de son expérience de diplomate — qui se convertira d'ailleurs à merveille à ses nouvelles fonctions.

Après des études à la Sorbonne dans les années 1920 et à l'Université Charles de Prague, Joseph Korbel est entré dans la diplomatie tchèque au ministère, puis à Belgrade, et enfin à Londres où il est secrétaire personnel de Jan Masaryk. Il est également le directeur de la radio libre du gouvernement tchèque en exil. Lorsque ce dernier rentre au pays, il suit Masaryk dont il est chef de cabinet, avant de rejoindre de nouveau Belgrade comme ambassadeur en 1947. C'est de là qu'après le coup de Prague de février 1948 et la disparition de Masaryk le 10 mars, il s'enfuit à New York où il exerce dans un premier temps des fonctions à l'ONU. C'est donc un personnage considérable et pour elle d'une originalité totale dont Condi fait la connaissance. Que sait-elle de son parcours ? Peu de chose sans doute, au-delà d'une réputation. D'ailleurs, il ne fait guère état d'un passé qu'il considère avec une certaine amertume, au point que sa fille Madeleine — la future Madeleine Albright — ne découvrira que la famille est juive qu'une fois Secrétaire d'État de Bill Clinton, longtemps après la mort de son père.

Dans la rencontre entre la jeune femme noire et le vieux monsieur européen, la séduction opère de part et d'autre. Ayant entrepris une quête, méthodique mais assez impatiente, d'une discipline où s'inscrire, Condi va suivre le cours d'introduction aux relations internationales, et plus précisément un cours qui constitue pour elle une révélation — nous y reviendrons. C'est dit, elle choisit l'histoire russe, sur un coup de foudre. Sans doute pèse-t-elle aussi les avantages pratiques : elle dira plus tard qu'elle cherchait une matière principale depuis quelques mois, et qu'il lui fallait en trouver une qu'elle puisse terminer rapidement et qui la conduise dans une voie très compétitive. Pour autant, elle est sans illusion sur les difficultés qui l'attendent : quand son père objecte que les jeunes filles noires ne réussissent pas en politique internationale, elle répond qu'ailleurs non plus. Son réel engouement ne l'empêche pas de raisonner objectivement.

Pour s'engager sur ce chemin, comme elle vient de le décider seule, il faut se présenter et se faire accepter du responsable. Elle va vers lui comme elle sait le faire, elle le suit, et elle le séduit. Pas facile pourtant d'aborder le professeur Korbel : il pourrait être son père et même son grand-père en fait ; d'après des témoignages de collègues, il est distant et cassant avec ses inférieurs, donc probablement avec les étudiants, et de surcroît, il n'aime pas les étudiantes. Il semble pourtant que ce soit moins par stricte misogynie que parce qu'il sait qu'elles n'arriveront pas à des positions de pouvoir qui rejailliront sur la notoriété de l'institut qu'il a fondé. Il fait une exception pour sa fille Madeleine, en laquelle il a une confiance égale à celle des parents Rice dans leur propre fille, et qu'il prépare de son mieux. Il en fera une deuxième pour Condi, qu'il traite de la même manière. Intellectuel à l'européenne, il aimait les gens intelligents qui comprennent vite, et ne faisait peut-être pas preuve de la patience attentive à laquelle beaucoup d'étudiants américains s'attendent tout naturellement en récompense de leur bonne volonté. Pendant les quelques années où il est son mentor, il témoigne à la jeune fille une attention soutenue, et même affectueuse, en tout cas unique et singulière. De son côté, elle en parle avec enthousiasme et un respect aussi plein d'affection. Elle est docile : éprise de la Russie, elle accepte de travailler sur la Tchécoslovaquie — ce qui fait une langue de plus à apprendre ; reconnaissante, elle lui dédie son premier livre, en même temps qu'à ses parents. L'influence du maître est énorme. Après Denver, Condoleezza Rice est acceptée à l'Université Notre Dame dans l'Indiana. Elle pourrait prétendre ensuite aller dans les établissements les plus prestigieux de la côte est, et avec l'ambition qui l'anime, on peut se demander pourquoi elle ne fait pas ce choix. N'est-ce pas pour Korbel qu'elle revient à Denver, et pour sa famille bien sûr ? Cependant, elle ne sait pas ce qu'elle veut faire, et il joue un rôle déterminant en la décidant — il la force presque, dira-t-elle — à être universitaire, alors qu'elle n'y pensait pas.

La fascination du pouvoir

Qu'a-t-elle découvert qui désormais sera sa passion comme la musique l'a été ? La Russie, un monde étranger qui la subjugue, on ne sait pas très clairement pourquoi. Le lien qu'elle fait entre la musique et l'histoire russe n'explique pas grand-chose — une passion ne s'explique pas, dira-t-elle, toujours peu portée sur l'introspection. La langue ? Elle ne la connaît pas encore. Elle l'apprend vite, avant de passer à la politique, car le professeur l'exige, et elle s'était donc décidée avant d'avoir même abordé cet aspect essentiel d'une culture. Il vaut la peine de revenir sur la révélation qu'elle a eue en écoutant un cours d'histoire sur la mise en place du stalinisme, un grand classique de soviétologie, et même d'histoire politique tout court. Dans la lutte pour la succession de Lénine, mort en 1924, Staline, appuyé sur la droite du parti, élimine d'abord la gauche et Trotski, puis se retourne contre la faction de droite menée par Boukharine et, une fois le terrain dégagé, règne en seul maître à partir du congrès de 1929, et lance la collectivisation et les purges dans les années 1930. C'est du Tacite ou du Shakespeare, une page d'histoire de l'Empire romain ou d'histoire russe simplement comme au temps d'Ivan le Terrible, un drame de sang, et la politique dans sa violence nue, son cynisme, un jeu inhumain qui broie les protagonistes — la mort de tous ceux qui se sont opposés au tyran ne tardera pas. De ce prologue effrayant au déploiement du stalinisme, on peut penser que Joseph Korbel, qui a vécu le coup de Prague, ne fait pas une présentation atténuée ni banalisée, même s'il a une grande distance avec sa propre histoire. Dès lors, la fascination de la jeune fille impressionne : elle-même, en réfléchissant à cet épisode, dit que « c'est cette combinaison de pouvoir et de moralité » qu'elle a « toujours trouvée particulièrement intéressante ». Faute de détecter où se trouve la moralité dans cette affaire, dont l'idéologie est également absente, on retiendra qu'elle a découvert ce qui lui plaît, le pouvoir et la force. On n'ira pas jusqu'à penser qu'un épisode de la Terreur bien mis en scène aurait déclenché chez Condoleezza Rice une vocation de spécialiste d'histoire de la Révolution française ! Le poids de la Russie et de la menace communiste dans l'imaginaire américain de l'époque joue à coup sûr.

Il y a peut-être là en effet un écho de l'enfance, de ses plaisirs et de ses peurs. Chez les Rice, on veillait soigneusement à s'isoler du monde environnant, mais on s'intéressait beaucoup au vaste monde : Condi se souvient de lectures à haute voix des articles du journal sur l'actualité internationale — elle essayait même d'en discuter avec ses petites camarades, dira l'une d'elles. En particulier, avec son père, elle a suivi avec un grand intérêt l'affaire des missiles de Cuba — les missiles dont elle deviendra une spécialiste. Elle avait alors huit ans. Mais elle dira aussi que cette affaire des missiles a été, avec l'attentat à la bombe de l'église baptiste en 1963, l'un des deux seuls moments où elle s'est sentie en danger, où elle a pensé que son père, peut-être, ne pouvait la protéger de tout. Est-ce exagérer d'imaginer qu'elle a pu ressentir une sorte de soulagement en entendant maîtriser de façon lumineuse et ordonner les événements d'un monde obscur et menaçant ? Qu'elle a surtout éprouvé un plaisir intellectuel intense à comprendre une lutte dont les tenants sont bien identifiés, l'enjeu limpide, les épisodes brefs et bien menés selon une tactique simple, mais hardie, et la conclusion rapide ? De ce jeu, les hommes sont presque absents, ce sont des forces presque virtuelles qui s'affrontent, plus que des individus de chair et de sang, qui versent le leur et meurent.

Cette comparaison avec le jeu, elle ne la refuse d'ailleurs pas. La compétition est pour elle une dimension essentielle. Une parente a dit en plaisantant qu'elle pouvait regarder n'importe quel match à la télévision, même d'un sport inconnu d'elle, pourvu qu'on marque des points et qu'on désigne un gagnant. C'est sans doute ce qu'elle trouve au stade, où la mène sa passion jamais démentie pour le football américain. Dans cette veine, on comprend mieux qu'elle soit passée du politique au militaire, ce qui, en pleine époque de tension nucléaire entre superpuissances, avait aussi un intérêt direct : sur le champ de bataille, il faut mettre la même passion à gagner que sur le terrain de football. Une approche de la politique désincarnée et la rudesse de l'affrontement physique dans le stade se rejoignent là, et ce qui compte, c'est de l'emporter à tout prix. Le sport en politique, combinaison bien américaine : à l'Université de Stanford au milieu des années 1990, lorsqu'il lui faut réformer le programme des études et trancher sur la part qu'y tiendront les civilisations autres qu'occidentales, elle déclare que « l'histoire de l'humanité a été l'histoire de chocs de civilisation » — banalité qui fait écho aux thèmes du moment —, mais surtout elle ajoute « et c'est bien ce qui est intéressant dans l'histoire ». On ne s'étonnera donc pas de trouver en elle plus tard une politique sans état d'âme, plus réaliste qu'idéologue, qui dira à l'arrivée au pouvoir de George Bush qu'en politique étrangère, « le pouvoir, voilà ce qui compte ».

L'Université Notre Dame

Elle obtient son diplôme haut la main. Sur cette lancée, il faut viser haut pour poursuivre de brillantes études. Ce sera à l'Université Notre Dame dans l'Indiana, qui est tout indiquée pour plusieurs raisons. D'une part, c'est un fleuron de l'enseignement catholique, dans le prolongement de celui qu'on donne à Sainte Marie et qui a si bien réussi à la jeune fille. John Wesley Rice a des liens avec son président, le révérend Hesburg, ce qui ne peut pas nuire. Surtout, le professeur Korbel a dû faire les introductions nécessaires : Notre Dame est l'un des grands centres des études soviétiques. C'est justement l'une de ces institutions placées sous la houlette d'un diplomate de l'Est européen qui a cherché outre-Atlantique refuge contre le communisme : comme Korbel a fui la Tchécoslovaquie en 1948, Stephen Kertesz a fui la Hongrie. L'établissement a tout pour rassurer les parents d'une jeune fille sage qui quitte pour la première fois le giron familial : proclamant ouvertement ses valeurs traditionalistes, il est toujours présidé par un prêtre et d'autres ecclésiastiques sont également très présents dans les organes de direction. Sur le campus, de petite taille, on encourage un patriotisme de chaque résidence universitaire, qui illustre l'esprit hautement compétitif des étudiants sélectionnés par Notre Dame. La taille des équipements sportifs en atteste également. Outre les équipes de basket masculine et féminine qui vont souvent en finale, Notre Dame abrite l'une des meilleures équipes universitaires de football américain, les *Fighting Irish*, dont la passionnée de football, la spécialiste même qu'est déjà Condi Rice, va devenir supporter au point de la suivre encore des années plus tard. Ce sont même les années où son image d'éternelle bonne élève, un peu trop sage, s'atténue. Elle n'est ni refermée sur sa famille, ni rabat-joie, ni dépendante, surtout pas. Elle a sa vie, une vie d'étudiante comme une autre — en pleine russomania sans doute, elle a la fantaisie d'appeler sa voiture Boris —, une vie qui trouve place pour les sorties, la musique, ce qui ne surprend pas puisqu'elle réussit à combiner une indépendance extrême et une grande facilité de contact et ne peut qu'être appréciée pour ses multiples talents — chanter, danser, jouer de la musique, aller soutenir son équipe. Après le retour dans le giron familial à Denver, on évoque également une affaire de cœur avec un joueur de football américain de l'équipe des *Broncos* qui aurait failli déboucher sur le mariage. Cette autonomie dans la confiance, qui est la réussite d'une éducation, marquera aussi son credo et ses choix politiques. Elle n'est pas prête à ce qu'on l'assiste, elle ne comprend pas très bien qu'on ne s'en sorte pas seul par le travail.

Mais pour elle, ces réjouissances vont de pair avec un travail acharné. C'est sous la houlette de George Brinksley qu'elle bénéficiera d'un programme sur mesure, en quelque sorte de tutorat avec un expert, l'un des premiers de la longue liste de messieurs qui tombent sous son charme. Élément important, c'est à cette époque qu'elle se décide pour une spécialité pointue où la concurrence féminine est rare, l'histoire militaire. Un an lui suffit pour passer son diplôme de *Master*, la maîtrise, en août 1975. Malgré le prestige de l'établissement, dont atteste la liste des anciens élèves qui compte nombre de présidents d'Universités, de grands sportifs, de responsables politiques, et, dans une promotion qui suit de peu celle de Condoleezza Rice, William McGurn, le futur rédacteur des discours de George Bush, Condi ne s'attarde pas à Notre Dame. Elle hésite alors à s'orienter vers une profession juridique ; sa cousine Connie fréquente la faculté de droit de Columbia. C'est le professeur Korbel qui décide presque pour elle qu'elle serait une excellente enseignante, ce qui la conduit à y réfléchir sérieusement pour la première fois. Notre Dame n'est qu'une parenthèse, et elle rentre donc à Denver faire son doctorat sous la conduite de son premier mentor, même si c'est sur le thème du mémoire qu'elle a fait avec George Brinksley, qui continue à l'aider de ses conseils. En même temps, elle réintègre le foyer familial. Les quelques années qui suivent sont consacrées au travail de recherche, mais lui donnent aussi une ouverture plus large : c'est l'époque des voyages, elle découvre enfin l'URSS et aussi la Pologne. Elle obtient un stage au Département d'État pendant l'été 1977, un autre dans un centre de recherches sur la technologie militaire, la Rand Corporation. Vingt ans plus tard elle en sera administratrice. Le 14 août 1981, elle soutient à l'institut de relations internationales de Denver sa thèse de PhD, consacrée aux rapports entre l'armée et le parti dans la Tchécoslovaquie sous influence soviétique, choix qui est un hommage à son premier maître, diplomate tchèque, lequel n'assiste pas au couronnement de son élève d'élection : Joseph Korbel est mort en 1977.

La foi dans les États-Unis

Il a décidé de son orientation ; que lui a-t-il transmis ? Comme enseignant, d'abord une très grande exigence, qu'elle ne demandait qu'à satisfaire. Il faisait aussi de solides connaissances linguistiques un préalable absolu. Sa rigueur était précieuse : il apprenait à ses étudiants à dire nettement les choses et, exercice bien nécessaire lorsque, dans son champ d'étude, on est confronté quotidiennement à la langue de bois soviétique, à exprimer les politiques en langage clair : ce sont exactement les qualités qui serviront le mieux Condoleezza Rice dans sa conquête du Président Bush, dont elle articule la pensée. Grâce à lui, elle est devenue une spécialiste de l'Europe et de la Russie, ce qui l'a servie dans un premier temps de sa carrière, pendant la présidence Reagan et lors de l'effondrement du bloc soviétique, et est devenu peut-être un handicap quand elle accède à de plus hautes responsabilités et que la politique américaine se déploie sur des champs qu'elle connaît moins bien. Pour autant, Joseph Korbel n'est pas le diplomate cosmopolite répandant ses lumières dans le provincialisme de Denver, initiateur à l'esprit européen, et il ne le lui fait pas aimer : c'est par dégoût d'une impuissance dont il désespère qu'il a laissé l'Europe derrière lui.

Partage-t-elle sa vision du monde ? Pour lui, elle est indissociable de l'expérience personnelle. Que la vie du professeur ait été bouleversée par l'histoire et surtout les attaques contre les démocraties entre 1930 et 1950 a certainement un écho profond chez son élève attentive : arrivée au pouvoir, elle fera souvent des comparaisons avec cette période pour justifier sa politique, et ne cachera pas le peu d'estime qu'elle porte aux puissances européennes en raison de leur piètre comportement à l'époque. À un diplomate français qui lui déconseille d'aller en Irak, elle réplique brutalement que, si la France et l'Angleterre avaient éliminé Hitler en 1936, il n'y aurait pas eu la Seconde Guerre et ses horreurs. Pour elle, ce n'est pas de la rhétorique, c'est une leçon apprise de son cher professeur — professeur que, si la fermeté contre Hitler avait payé, elle n'aurait d'ailleurs jamais rencontré ! Mais il est pessimiste, elle ne l'est pas, et ne le devient pas à son contact. Ce qu'il croit, au-delà de toute analyse, c'est que seuls les États-Unis sont en état de sauver le monde. Il leur porte donc une admiration et une reconnaissance qui vont très loin puisque, contrairement à ses convictions politiques, il ne se résout pas, presque jusqu'au bout, à désapprouver l'intervention au Vietnam malgré la pression de sa fille Madeleine. En insistant sur cette mission universelle des seuls États-Unis, il ne fait que confirmer sa disciple dans une foi qu'elle pratique déjà. Il ne transmet pas vraiment d'idéologie : c'est un conservateur modéré, dont l'anticommunisme n'a pas du tout la virulence qu'on pourrait attendre de qui a directement souffert de ce système ; elle le sera aussi. Cette conviction profonde, dont elle s'imprègne au contact d'un maître qu'elle révère et qui lui-même la tire de sa propre histoire, vaut plus que le ralliement à telle ou telle école diplomatique. Quand on l'interroge sur le théoricien qui l'a le plus marquée, elle répond Morgenthau — ce qui, sans entrer dans les détails, est une banalité qui n'engage à rien plutôt qu'une façon de s'identifier à une école de pensée. Cette conviction de la supériorité des États-Unis est elle-même assez banale, dira-t-on : quel responsable politique ne la partage pas ? La façon dont elle se l'est forgée diffère cependant de ce qu'y mettent les « néoconservateurs », même quand elle se rapproche d'eux.

Condi et Madeleine

Ces convictions de fond la rapprochent de Madeleine Korbel devenue Albright, l'héritière naturelle. À première vue, elles ne partagent qu'un immense honneur et une lourde tâche : être les deux femmes qui ont dirigé la politique extérieure du pays le plus puissant du monde. Sinon, tout sépare la fille de Juifs d'Europe centrale, elle-même élevée de façon cosmopolite — elle a onze ans lorsqu'elle quitte l'Europe —, et la descendante d'esclaves ancrée dans la religion, qui, au même âge, quittait Birmingham. L'une s'identifie à la politique d'ouverture internationaliste démocrate, l'autre sert sans état d'âme une politique de superpuissance dédaigneuse. On pourrait cependant esquisser une comparaison entre elles : leur différence avec le politicien américain moyen les rapproche, car toutes deux, la petite Européenne qui arrive avec un accent et la jeune fille noire, sont des « outsiders » ; une même force les a poussées, des parents très présents et exigeants, avec un père dominant, qu'elles admirent et qu'elles veulent suivre. Chose peu courante, toutes deux ont fait une thèse sur la Tchécoslovaquie et l'ont dédicacée au même homme, qui crée un lien très profond entre elles, Joseph Korbel. On souligne trop peu l'influence posthume de celui-ci sur la politique américaine : paradoxalement, ce misogyne a eu deux héritières — et non deux héritiers — qui sont parvenues à la tête de la diplomatie de son pays d'adoption !

Sur le plan personnel, il n'y a pas eu d'intimité entre les deux femmes. Elles se connaissent, mais si Condi voit en Joseph Korbel un deuxième père, elle n'a pas chez lui une deuxième famille : elle n'en a pas besoin, et cela ne lui est probablement pas offert, mais elle vient dîner chez les Korbel de temps à autre, et Madeleine Albright se souvient l'y avoir rencontrée. Le contact ne peut qu'être épisodique : Madeleine, plus âgée, a fréquenté le même institut de relations internationales, mais elle a terminé ses études lorsque Condi fait les siennes et travaille déjà comme assistante d'un élu démocrate. Chacune suivant sa carrière, loin de Denver, elles se perdent de vue quand le vieux monsieur n'est plus là pour les réunir. En 1988, Condoleezza reçoit un appel de Madeleine qui lui propose de participer à la campagne du candidat démocrate Mikael Dukakis, et doit lui annoncer : « Madeleine... je suis républicaine. » Mais leur fidélité à un souvenir et un enseignement est probante. L'une, Madeleine, dit que l'une des motivations qui l'ont conduite à faire une carrière diplomatique est le désir de ressembler à son père, mentor de l'autre dont il a influencé fortement le choix de carrière. De toutes deux, il a fait des intellectuelles, des universitaires, ce qui les réunit encore : en effet, parmi les Secrétaires d'État, elles se distinguent en ce que ce sont des théoriciennes qui arrivent aux affaires en ayant déjà exposé leur pensée dans des ouvrages et des articles, quitte toutes deux à se frotter ensuite à une réalité qu'elles ne méconnaissaient pas mais n'avaient pas appréhendée aussi directement que les autres tenants du poste. Il leur a laissé une vision « korbelienne » des relations internationales, ou plutôt de la place que doivent y tenir les États-Unis, seul sauveur et seul guide pour cet homme amer — le « pays indispensable », selon le terme de Madeleine Albright. Elles serviront certes des politiques différentes, Madeleine Albright étant accaparée par l'engagement au Proche-Orient de Clinton qui, avec Bush, passe au second plan pour Condoleezza Rice. Mais elles n'ont pas rejeté l'héritage : ne partagent-elles pas ce fond de conservatisme modéré qui fait de la puissance américaine l'aune de toute chose tout en restant pragmatiques, y compris quand leur propre camp ne l'est pas ? Paradoxalement, c'est peut-être bien Condi, la réaliste, qui, dans l'action, est la plus proche de cette conviction, et l'héritière politique plus fidèle à Joseph Korbel que sa propre fille.

CALIFORNIE
(1981-2000)

Vers l'ouest, de nouveau, jusqu'en Californie cette fois. Condoleezza est accueillie à l'automne 1981 par l'Université de Stanford, près de la baie de San Francisco. C'est l'une des meilleures Universités du monde, l'un des centres d'études et d'influence les plus prestigieux. C'est aussi un lieu très fermé. Y arriver comme boursière est déjà un exploit ; s'y hisser au poste de doyen en est un autre. Elle passe donc à Stanford près de vingt années décisives, entrecoupées par un non moins décisif séjour à Washington dans l'équipe de politique étrangère du premier Président George Bush entre 1989 et 1991. Ces deux décennies élargissent considérablement son horizon. Sur le plan professionnel, elle confirme son statut de chercheur spécialiste, et s'impose dans les affaires administratives, où elle acquiert une précieuse expérience de gestionnaire. Sur le plan politique, après quelques hésitations, elle choisit son camp, le parti républicain, et accède aux cercles dirigeants à un moment clé : l'effondrement du bloc soviétique et la disparition du rideau de fer. Ses responsabilités politiques et universitaires lui ouvrent la porte des grandes entreprises avec lesquelles elle a plaisir à collaborer. L'universitaire ambitieuse, en pleine possession de ses moyens, les a si bien utilisés qu'elle pénètre dans un autre monde.

5.

UNE CARRIÈRE FULGURANTE

Première conquête, l'Université

C'est pour effectuer une recherche post-doctorale que la jeune diplômée de Denver a obtenu une bourse d'une année au centre pour la sécurité internationale et le contrôle des armes — intitulé qui évoluera au gré du contexte politique — qui fait partie intégrante de l'institut de recherches internationales. Il ne se passe que quelques mois avant qu'on lui offre un contrat d'enseignante dans le département de sciences politiques. Ainsi installée dans la place, elle va prendre une part active à la vie de l'Université et se faire connaître, au-delà, de ceux qui comptent.

La jeune thésarde répond pleinement aux espoirs que l'on a placés en elle. Avec le souci d'excellence qui l'anime en permanence, elle dirige des séminaires, contribue à des publications, enseigne et conseille les étudiants ; elle doit faire ses preuves pour qu'on renouvelle son contrat. La qualité de son enseignement est reconnue par de prestigieuses récompenses qu'on lui décerne à des moments clés de sa carrière. En 1984, lors du renouvellement de son contrat de trois ans, elle reçoit le prix Walter J. Gores pour l'excellence dans l'enseignement, puis lorsqu'elle est promue à une chaire permanente en 1993, celui du doyen de la faculté des humanités et des sciences pour un enseignement éminent. La liste de ses cours rend hommage à son sérieux. Le professeur Rice pratique une pédagogie innovante, et utilise les jeux de rôle pour faire vivre aux étudiants une réalité de la décision politique différente de ce qu'on trouve dans les livres. Dans ses cours, les comparaisons avec le football sont de mise : « Le football, c'est comme la guerre, explique-t-elle, il s'agit de prendre des territoires. » Des témoignages d'étudiants, contradictoires, on retiendra l'ennui éprouvé par l'un — peut-être est-elle trop exigeante ? —, le sentiment chez un autre de n'avoir jamais autant travaillé de sa vie, chez un autre encore qu'elle est « une facilitatrice », dans un sens socratique, pour les accoucher du savoir. Bel hommage à une enseignante qui, à coup sûr, ne ménage pas sa peine, et reste très disponible en dehors de la salle de classe. En fait, elle se consacre avec la même concentration, et exerce la même séduction pour un étudiant qu'elle encourage que pour un supérieur qu'elle doit impressionner ; dans le contact humain, à tout niveau, son charisme personnel joue.

    Chercheuse et intellectuelle, elle écrit des articles dans les revues où il faut publier et expose sa pensée dans les séminaires qu'il faut fréquenter. Sa production académique commence de manière très classique : son premier livre, intitulé *Uncertain Allegiance : The Soviet Union and the Czechoslovak Army, 1948-1963*, est une reprise de sa thèse, ce qui est assez habituel. On peut s'étonner qu'une travailleuse de cette force ne fasse paraître l'ouvrage qu'en 1985, quatre ans après la soutenance, mais c'est une version complétée. Dès l'année suivante, elle cosigne un autre ouvrage, *The Gorbachev Era* qui, à vrai dire, ne peut figurer que de façon modeste dans sa bibliographie personnelle : sur les treize essais que contient cette publication sans prétention de l'Association des anciens élèves de Stanford à l'intention des étudiants, elle n'en écrit que deux d'une dizaine de pages chacun. Le maître d'œuvre, Albert Dallin, enseignant à Stanford, directeur du Centre d'études sur la Russie et l'Europe de l'Est, président de l'Association américaine pour le développement des études slaves, n'a pas besoin d'ajouter ce modeste opuscule à sa bibliographie. En assistante dévouée, Condoleezza Rice a probablement assumé tout le travail éditorial que le grand professeur n'avait pas le temps de faire. Pourtant, son nom figure sur la couverture à égalité avec lui — ce n'est pas toujours le cas !

Ses deux essais sont bien faits. Dans celui qu'elle consacre au système d'alliance soviétique, elle ne se montre pas convaincue qu'un vrai changement est en cours et imagine qu'une évolution politique en Europe de l'Est commencerait par la chute de Ceausescu en Roumanie ou de Husak en Slovaquie, qu'elle estime les moins soutenus, mais pas en Pologne ou en Hongrie, et certainement pas en Allemagne. Elle pense en fait que l'alliance est très résistante. Bref, elle n'est pas d'une grande clairvoyance sur les faiblesses d'un bloc de l'Est qu'elle veut croire éternel, mais elle écrit en 1985, avant que les événements ne se précipitent, et en universitaire qui théorise. En bonne disciple de l'école réaliste, elle cherche les avantages et le solde coût-gain du système. C'est une partie entre puissants : que des forces populaires, à l'exemple de ce qui a commencé en Pologne, puissent troubler le jeu, ne fait pas partie de ses hypothèses. Sur la forme, la clarté de l'exposé impressionne — le professeur Korbel en aurait été fier — et comme on sait qu'elle est presque capable de faire aussi bien à l'oral qu'à l'écrit, on mesure à ce petit échantillon l'atout que représente sa capacité à mettre des sujets complexes en termes clairs et frappants.

C'est dans de très bonnes conditions qu'elle coordonne le petit volume pour étudiants, puisque pour l'année universitaire 1985-1986, elle est chercheuse associée à la Hoover Institution, ce qui la décharge de tout enseignement. La Hoover, bibliothèque, centre d'archives et de recherches, située justement sur le campus de Stanford, joue aussi un rôle politique sur lequel nous reviendrons, car désormais Condi en restera toujours proche. Cet ouvrage, si soigné soit-il, n'absorbe pas tout son temps. Deux publications en deux ans, cela lui laisse d'ailleurs un peu de répit, au regard de ce qui est exigé pour la carrière. Elle entreprend, paraît-il, un ouvrage sur l'état-major soviétique, que d'autres tâches plus urgentes relégueront dans un tiroir d'où il ne ressortira jamais. De toute façon, l'écriture n'est probablement pas ce qu'elle préfère. C'est même le domaine dans lequel cette stakhanoviste choisit de lever un peu le pied — il est dévoreur de temps, et elle est trop sérieuse pour signer de son nom des écrits bâclés. En 1992, on annonce qu'elle prépare un livre sur le pétrole du Kazakhstan, auquel elle s'est intéressée de près à l'occasion de sa collaboration avec la société Chevron. Pourtant, elle ne peut mener l'ouvrage à son terme — c'est la deuxième fois : écrire des ouvrages savants, voilà bien l'un des rares projets qu'elle ait abandonnés ! — car elle est nommée professeur puis doyen à Stanford. Pourtant, ces nouvelles charges ne l'empêchent pas de publier en 1995 son ouvrage suivant, encore en collaboration, *Germany Unified and Europe Transformed : A*

Study in Statecraft aux éditions de l'Université de Harvard, et dont le coauteur est Philip Zelikow. Elle a collaboré avec lui au Conseil pour la sécurité nationale en 1989 et cette fois elle travaille sur un pied d'égalité plutôt que sous l'aile d'un universitaire plus expérimenté. Décrire l'évolution de l'Allemagne après coup est évidemment plus facile que de faire de la soviétologie, mais il faut reconnaître une réelle qualité à cet ouvrage : c'est un vrai travail universitaire, en même temps qu'un témoignage sur une période qu'elle a vécue en direct depuis la Maison Blanche. Il reçoit plusieurs prix d'histoire mérités.

Les salles de cours et les séminaires de recherche ne suffisent pourtant plus à cette bonne enseignante, spécialiste reconnue. Elle est impliquée à plein temps dans la vie administrative de l'Université, où elle se fait largement connaître en dehors de son propre département de sciences politiques : c'est déjà une femme de dossiers autant qu'une universitaire dans un sens plus classique. À la différence de collègues immergés dans leur sujet de recherche, elle sait établir des priorités stratégiques. À quoi ne participe-t-elle pas ? Elle est, sous une forme ou sous une autre, associée à la direction de son centre de recherches ; entre au Sénat de l'Université, et à d'autres organes de direction spécialisés ; de 1982 à son départ à Washington, sauf pendant son stage au Pentagone, elle fait partie de la commission d'admission des étudiants de premier cycle. À son retour en 1991, elle présidera le même organisme pour ceux de deuxième cycle. Elle s'implique de la même façon que son père, qu'elle a vu s'engager dans toutes sortes d'activités à Denver, en plus de l'organisation des études. Pour le coup, le père biologique tient sa revanche sur le père intellectuel qui aurait été assez déçu peut-être, car il l'imaginait comme une enseignante à l'ancienne. Sur ce plan, elle va à l'essentiel : elle reçoit les meilleures bourses dans les meilleurs endroits, au lieu de perdre son temps dans les archives et les publications spécialisées. Elle dit que si la télévision retransmettait moins de matchs, elle publierait plus, mais on peut lui faire confiance pour cibler ce qui est efficace. Ne minimisons ni ses mérites ni son professionnalisme : à l'époque elle commence la journée en lisant la *Pravda* et elle dit en savoir plus sur l'état-major soviétique que les généraux eux-mêmes. De toute évidence, cette femme a plusieurs cordes à son arc.

Dans ce même esprit, elle réussit un coup de maître pour son deuxième stage dans les milieux gouvernementaux. Le professeur Brinksley de Notre Dame suit encore sa carrière d'un œil paternel et lui apporte un appui, certainement décisif, auprès du Conseil des affaires étrangères, organisme qui prend en charge des échanges de postes entre universitaires et fonctionnaires pour que chacun enrichisse son expérience. Ces bourses d'une année sont très convoitées. En 1986,

Condoleezza Rice, qui sort d'une année sabbatique à la Hoover Institution — privilège des universitaires américains lorsqu'ils sont brillants et bien introduits — occupe la fonction d'assistante spéciale auprès du comité des chefs d'état-major, observatoire idéal pour suivre les négociations alors en cours sur le programme de « guerre des étoiles » lancé par Reagan. Elle en tire un très grand profit, et s'y prend notamment d'un intérêt durable pour la question des armes nucléaires. Ses compétences en ce domaine seront très rapidement utiles à sa carrière.

L'échappée solitaire

Une telle réussite est spectaculaire mais n'étonne pas, vu les qualités du Dr Rice. La chance joue en partie : le monde du début des années 1980 offre de nombreuses possibilités à cette spécialiste des questions stratégiques. Elle devient adulte quand le mouvement des femmes secoue la société des années 1970. Surtout cette Noire du Sud voit le mouvement des droits civiques produire ses effets avec un certain décalage, notamment dans les institutions. C'est ce dernier aspect que l'on a retenu essentiellement pour rendre compte de sa carrière comme symbole de la réussite de l'*affirmative action,* la discrimination positive en faveur des minorités, qui tient tant de place dans l'histoire américaine du dernier quart du

XXe siècle. Certains prennent d'ailleurs plaisir, dans une intention un peu polémique, à souligner la contradiction entre son histoire et son engagement public. Effectivement, si sur la petite vingtaine d'années qu'elle passe à Stanford, Condoleezza Rice mène une carrière universitaire brillante mais normale, cette carrière est vraiment très rapide. Sans s'attacher aux responsabilités de premier ordre qui seront confiées à cette jeune femme dans les années 1990 — elle est alors passée par l'Administration Bush, ce qui change la donne —, ses débuts sont fulgurants : qu'elle ait un poste de chercheur à Stanford en 1981 est déjà exceptionnel, un honneur inespéré lorsqu'on vient de Denver et qu'on a soumis un dossier qui ne respectait pas vraiment les critères habituels. Mais que, quelques mois après son arrivée, simplement parce qu'elle a présenté à un séminaire un exposé, certainement brillant, on lui propose de devenir professeur assistant de sciences politiques, et en même temps directeur adjoint du centre pour la sécurité internationale, c'est trop, même pour cette étoile montante. Il y a là la volonté délibérée de promouvoir une femme, une Noire, pour montrer qu'à Stanford, la diversité — obsession des grandes Universités américaines dans leur concurrence permanente entre elles — est mieux pratiquée qu'ailleurs. La denrée étant encore très rare, on est trop content d'avoir une brillante jeune femme noire à disposition. D'ailleurs, le financement de sa bourse de trente mille dollars était assuré sur les crédits destinés aux minorités dans le personnel. Elle-même reconnaît plus tard que l'Université n'avait pas besoin d'un spécialiste du monde soviétique de plus à cette époque, et qu'on lui a pourtant fait un contrat de trois ans parce qu'on n'avait pas voulu laisser passer une occasion dont on ne savait pas quand elle se représenterait. Il semble d'ailleurs que l'Université l'ait fait entrer dans son « quota » de minorités dans trois départements différents — « la sainte trinité à elle toute seule », plaisante un collègue.

Pour autant, elle est très réticente à se voir en bénéficiaire de la discrimination positive. Elle admet qu'elle est arrivée au bon moment et a ouvert la voie, mais l'admet du bout des lèvres, et n'en est peut-être pas très convaincue. Ce qui compte certainement à ses yeux, c'est qu'ensuite, elle a su faire ce qu'il fallait pour rester et prouver qu'elle était bien à sa place. Cette position très cohérente permet de reconnaître à la fois l'importance du mouvement historique qui vient d'ébranler le racisme institutionnel, et le chemin déjà parcouru par sa famille depuis plusieurs générations. Elle le dit très clairement à la fille du Président Lyndon Johnson, celui qui a fait voter le *Civil Rights Act*, mettant fin légalement à la ségrégation. La remerciant de ce qu'a fait son père, elle reconnaît que la loi a constitué un énorme changement. Mais, ajoute-t-elle, « pas en l'absence de gens qui étaient déjà préparés pour en profiter, et qui de ce fait en ont tiré pleinement profit. On ne peut pas oublier leur rôle dans cette histoire ».

Si Condoleezza Rice n'est pas favorable à la discrimination positive, elle a aidé des étudiants noirs et surtout des étudiantes, qui en ont témoigné. Il est clair qu'elle est pour le soutien aux individus, non pour les quotas. En 1986, elle entre au conseil de la *Mid Peninsula Urban Coalition*, une organisation locale d'aide aux élèves défavorisés, mais doit la quitter trois ans plus tard pour partir à Washington. Dans les années 1990, elle s'implique aussi dans la fondation du *Center for New Generation* de East Palo Alto, localité où est située l'Université de Stanford, qui fait également du soutien scolaire pour les enfants défavorisés. Il s'agit de les préparer à entrer à l'Université en leur inculquant une philosophie du succès personnel. Même si le pourcentage d'échec est élevé dans le milieu défavorisé qui est le leur, « Pourquoi, dit-elle à chacun, croire que tu seras dans le pourcentage de ceux qui ne réussissent pas, et qu'est-ce qui t'oblige à y être ? À toi de jouer ». Il n'y a pas de fatalité. Les enfants dont s'occupe le centre ne sont pas nécessairement noirs. On a nettement le sentiment que c'est surtout pour faire plaisir à son père qu'elle s'engage. Après la mort de sa femme, John Wesley Rice a repris son action d'éducateur et de conseiller — l'action qui lui a le plus tenu à cœur toute sa vie — avec sa nouvelle épouse, principal de collège à Palo Alto qui partage son combat. La fille met sa notoriété au service du père — y compris auprès du gouverneur de Californie — et collabore de bonne grâce à une action familiale, comme autrefois, plus qu'individuelle, bien que sa philosophie du développement personnel comporte une dimension d'engagement au service de la communauté dont elle a eu toute sa vie un brillant exemple. En tout cas, nous sommes ici aux antipodes de la discrimination positive, et pleinement dans la tradition vilipendée par de nombreux leaders noirs, mais se poursuivant en silence, de Booker T. Washington, le « grand conciliateur » du début du XXe siècle, exemple vivant et apôtre du salut par l'éducation.

En femme de principes, Condi ne s'est jamais départie de cette conviction profonde — se renier sur ce point signifierait d'ailleurs que son succès est le produit de forces extérieures et collectives, et non de son travail et de sa volonté, ce qui est impossible. Autant passer alors au parti démocrate ! Elle donne la preuve de cette constance en 2003, lorsque l'Université du Michigan se trouve entraînée dans une polémique sur ses critères d'admission dans un contexte de remise en cause de la discrimination positive. Selon le *Washington Post*, Condoleezza Rice, tout à fait en dehors de ses attributions, a joué un rôle clé dans l'élaboration par l'Administration Bush de la décision de remettre en question la politique d'admission de cette

Université sur une base ethnique. Elle se donne alors la peine de faire une déclaration publique pour préciser que, selon elle, l'origine ethnique peut « quelquefois » être « un facteur parmi d'autres » pour assurer la diversité du recrutement. Le cœur n'y est pas, alors que Colin Powell, en revanche, a pris clairement position à plusieurs reprises pour la discrimination positive. Cette constance illustre une philosophie de l'existence qui va trouver à s'exprimer dans un credo politique et qui, dans les années 1980, a conduit Condoleezza Rice à suivre un chemin original, une fois de plus, pour une jeune femme noire.

6.
L'ENGAGEMENT RÉPUBLICAIN

Une réaction de refus

Être Noir aux États-Unis, c'est être démocrate. L'équation, qui n'est plus aussi vraie de nos jours, l'était pleinement dans les années 1980, quand les Noirs étaient la fraction la plus sûre de l'électorat démocrate, plus sûre encore que les Juifs et beaucoup plus que les femmes. C'est alors que Condoleezza Rice se décide... pour le parti républicain, après quelques hésitations. Les raisons qu'elle donne pour expliquer son choix sont multiples : la fidélité à son père, l'agacement devant la mollesse démocrate en politique extérieure, le refus d'être assistée. Elles s'additionnent aisément, mais n'ont peut-être pas la même force.

Condoleezza raconte volontiers, sur les estrades républicaines, comment son père, en 1952, se voit refuser la possibilité de voter par les « Dixiecrates » — les Démocrates racistes qui tiennent les États du Sud et veulent protéger le statu quo — et comment de ce fait, il se fait enregistrer chez les Républicains. Affaire d'opportunité plus que de conviction : les Républicains du Sud — bien plus faibles, loin du pouvoir en Alabama, donc faisant plus facilement flèche de tout bois — acceptent tout électeur qui se présente. John Wesley Rice ne les choisit pas vraiment pour leurs idées. On ne sait d'ailleurs pas très bien à quel point cet incident l'a marqué. Tout récemment, sa fille a confié qu'elle n'avait appris les difficultés de son père à se faire enregistrer que lorsqu'elle était déjà professeur de sciences politiques à Stanford, dans les années 1980 — peut-être à cette époque avait-elle des discussions avec lui sur son changement d'affiliation partisane. Le Dr Rice sera républicain donc, et cela ne lui va pas mal, mais au fond, c'est un œcuménique. Toute son action à l'Université de Denver, et pour sa communauté en général, montre que les circonstances ont grandement décidé de son affiliation. Reste que lorsqu'elle est elle-même en âge de choisir, sa fille se fait enregistrer chez les Démocrates, suivant le penchant naturel de toute la jeunesse noire qui leur est reconnaissante de leur action pour les droits civiques, et elle vote en 1976 pour le Président Carter. Et puis, être démocrate dans ses jeunes années, c'est une petite manifestation d'autonomie — mais quand même pas de révolte étudiante ! — ou plutôt, une petite infidélité au père biologique au profit du père intellectuel, Joseph Korbel, qui est un Démocrate déclaré — le premier ne devant pas trop souffrir en son for intérieur.

Condoleezza explique qu'elle change rapidement d'avis à cause de la politique étrangère du Président Carter, et on la croit volontiers — après tout, c'est également le professeur Korbel qui lui a inculqué l'idée qu'il ne fallait pas être faible face à Moscou. En réaction à l'invasion de l'Afghanistan en 1979, un simple embargo lui paraît une faiblesse coupable. En 1980, elle aurait voté pour Reagan, mais on peut se demander si sa conversion au parti républicain est aussi franche qu'elle le déclare par la suite, par exemple à la convention républicaine de 2000. La version désormais officielle de cette conversion a le double avantage de la faire remonter le plus tôt possible — elle aurait changé son inscription du parti démocrate au parti républicain en 1982 — et de renforcer l'image martiale qu'on attend d'elle vingt ans plus tard. Reste qu'elle collabore à la préparation de la campagne du sénateur Gary Hart pour les primaires démocrates en 1984, certainement parce que Hart, ayant tiré la leçon de la mollesse de Carter, a un programme de réforme militaire. Si la convention démocrate avait choisi Hart comme candidat à la présidentielle, aurait-elle suivi ? Elle aurait alors probablement été remarquée, mais aurait eu un autre parrain en politique que Brent Scowcroft — et serait peut-être devenue un jour la seconde de Madeleine Albright !

Pour l'heure, à l'imitateur un peu léger de Kennedy, la convention démocrate de 1984 préfère un homme de l'« establishment », Walter Mondale. Pour Condi, il a certainement le tort d'être pour le gel des armes nucléaires, il n'évoque pas grand écho en soutenant le *Equal Rights Amendement* sur l'égalité des sexes et en choisissant une candidate pour la vice-présidence, et il mène une campagne très libérale, en appelant aux minorités, les Noirs, les pauvres, les femmes. C'est peu de dire qu'elle ne s'y reconnaît pas : elle en est heurtée et s'éloigne définitivement. Face au discours démocrate sur les « *helpless people and the poor* » — les pauvres et les démunis —, elle dira plus tard que sa réaction immédiate a été de préférer qu'on ne s'occupe pas d'elle plutôt que d'être traitée en assistée. Outre qu'elle aurait du mal à se reconnaître dans les catégories « défavorisées », comme on ne le dit pas encore, une politique de l'assistance heurte son ego, son amour-propre, en mettant en cause le fondement de sa réussite personnelle, et renvoie à une marginalité anecdotique l'éducation qu'elle a reçue. Sur les questions de politique étrangère, on peut évoluer, et un Démocrate à poigne ferait l'affaire. Mais on touche ici à une opposition plus fondamentale, une répugnance même pour une certaine conception de la politique, de la vie, du rapport de l'individu et de la collectivité. Le Carter des années 1970 aurait pu lui inspirer le même rejet, dira-t-on ; mais la question des droits civiques l'emportait alors. Quand ce discours de patronage social est réellement articulé, elle s'en éloigne en toute connaissance de cause.

Certes, elle n'est pas ignorante des maux de classe et de race dans les ghettos, et du besoin de les soulager. Bien sûr, l'État fédéral a apporté un soutien puissant au mouvement des droits civiques, et elle ne nie pas l'impact de la loi. Mais auparavant, il y avait le mouvement lui-même, et avant lui des gens qui se débrouillaient seuls. Accepter l'idée que c'est de l'État que viendra la solution, c'est trahir ses grands-parents qui se sont libérés eux-mêmes sans aide extérieure, trahir son père qui veut lutter contre la ségrégation par l'éducation, et se trahir elle-même, dont l'histoire et la réussite personnelle sont le produit de cette autre vision du monde, ou plutôt du destin de chacun. Pour elle, qui puise une grande partie de sa force et de son équilibre dans la fidélité à l'histoire familiale, c'était inacceptable. Cela explique son refus de l'assistance, de la discrimination positive et même sa méfiance à l'égard de tout interventionnisme des pouvoirs publics. Elle soutient ainsi avec ferveur le deuxième amendement, sur le libre port des armes, en évoquant ces journées de 1963 où son père, avec d'autres hommes de Titusville, dut patrouiller pour les protéger contre le Ku Klux Klan. Elle a avant tout confiance dans l'idée de responsabilité individuelle : dans un monde qui peut vous contraindre, l'individu doit surtout compter sur lui-même. Elle dit un jour que ses grands-parents s'étaient libérés avant qu'on ne vienne les libérer et que, de la même façon, les Polonais se sont libérés eux-mêmes avant la mort du communisme. La leçon d'individualisme devient un credo politique tout à fait cohérent, et qui trouve évidemment mieux à s'exprimer au sein du parti républicain.

C'est certainement sa confiance en elle-même qui lui permet de se démarquer aussi nettement de sa propre communauté. Même dans sa famille, le type d'éducation qu'elle a connue ne conduit pas forcément à la même évolution. Ainsi sa cousine, Connie Rice, qui a été éduquée avec les mêmes valeurs, a fait d'autres choix : cette avocate de l'organisation pour les droits des Noirs, la NAACP, ne mâche pas ses mots. Néanmoins, elle est en avance sur un courant qui s'exprime de plus en plus, spontanément dans la bourgeoisie noire, et aussi chez des théoriciens : un sentiment général de lassitude à l'égard d'une culture de la pauvreté que les Démocrates sont accusés d'encourager par clientélisme. On rejoint ici un débat qui traverse la politique dans tout l'Occident — en France également —, sans se limiter à une communauté ethnique. Il a été alimenté aux États-Unis dans les années

1990 par les ouvrages à succès de Dinesh D'Souza [1] qui analyse sans complaisance l'évolution de la communauté noire : celle-ci rendrait systématiquement le racisme responsable de son sort, au lieu de se comporter comme les Blancs et les Asiatiques ; en fait, elle est tirée vers le bas par une culture de la pauvreté, de la délinquance, de l'illégitimité et de la dépendance de l'aide sociale, culture que dénoncent également des Noirs conservateurs. Condoleezza ne s'exprime pas à ce sujet, mais toute sa vie parle pour elle. Plus généralement, le thème de la pauvreté comme fruit de l'absence de valeurs morales refleurit sans complexes et explique le succès des écrits de Marvin Olasky [2], qui milite pour le démantèlement de la protection sociale. Il développe dans son église d'Austin, au Texas, ce thème que George Bush a repris avec vigueur dans sa campagne. La vie de Condoleezza Rice offre une merveilleuse illustration aux thèses des tenants du « conservatisme compassionnel », qui devient la doctrine officielle des Républicains. Elle-même théorise progressivement en atout politique ce qui est d'abord réaction individuelle : à la convention républicaine de

---

1. Dinesh D'Souza, *Illiberal Education : The Politics of Race and Sex on Campus*, Free Press, 1991 ; traduction, *L'Éducation contre les libertés. Politique de la race et du sexe sur les campus américains*, Gallimard, 1993. Du même auteur, *The End of Racism : Principles for a Multiracial Society*, Free Press, 1995.

2. En particulier, Marvin Olasky, *The Tragedy of American Compassion*, Regnery, 1992.

2000, elle précise que sa raison d'adhérer, différente de celle de son père, c'est que le parti « la considère comme un individu et non comme membre d'un groupe ». De précurseur, elle est devenue porte-parole.

La Maison Blanche, enfin

En ce grand jour où le conseiller pour la sécurité nationale du Président George Herbert Walker Bush, qui vient de succéder à Reagan, l'appelle pour faire partie de son équipe à la Maison Blanche, la jeune femme de trente-cinq ans a-t-elle une pensée pour la petite fille qui savait qu'un jour, il y aurait là une place pour elle ? Tout son cursus laisse penser qu'elle y entre moins avec un esprit triomphant qu'avec une farouche volonté de servir, mais aussi d'apprendre encore. Cette première expérience politique sera riche d'enseignements et de nouvelles relations. L'entrée dans un nouveau milieu est un tremplin dont, comme à plusieurs moments de son parcours, elle sait profiter au maximum.

Au quotidien, le Président Bush laisse une grande autonomie à ses principaux collaborateurs, James Baker, Secrétaire d'État, Brent Scowcroft, conseiller pour la sécurité nationale, Dick Cheney, secrétaire à la Défense et Colin Powell, président du comité des chefs d'état-major. L'homme qui a jugé le temps venu de donner sa chance à la jeune femme qu'il parraine depuis quelques années, Brent Scowcroft, a une très longue expérience derrière lui. Il a déjà occupé le poste de conseiller pour la sécurité nationale plus de dix ans auparavant, sous la présidence de Gerald Ford, après avoir été formé par Henry Kissinger. Il est lieutenant général de l'armée de l'air. Il a écrit sur la politique nucléaire et le contrôle des armements ; il a aussi été attaché militaire en Yougoslavie. Sa plus importante contribution dans la fonction qu'il occupe de nouveau en 1989 est d'organiser le processus de décision sur les questions de sécurité, et alors qu'une rivalité bien connue oppose depuis les années 1960 le Conseil de sécurité nationale et le Département d'État, Scowcroft et James Baker vont réussir à les faire coopérer. Discret, très travailleur, ne cherchant jamais la publicité personnelle, il a une vision de la fonction comme devant être activement en retrait : sa participation à la commission *Tower* sur le rôle du Conseil pour la sécurité nationale dans l'affaire iranienne, quelques années plus tôt, l'a conforté dans sa conviction que les membres du Conseil ne doivent pas se mêler de l'application de la politique étrangère.

Condoleezza est nommée directrice du bureau des affaires soviétiques et est-européennes du Conseil pour la sécurité nationale en février 1989. Selon son habitude, quatre mois plus tard, elle est déjà promue au poste de directrice générale en même temps qu'à celui d'assistante spéciale du Président pour les affaires de sécurité nationale. Après un premier mémorandum dès mars 1989 sur le comportement à adopter face à Gorbatchev, elle écrit en partie le discours du Président sur la Pologne au moment où le syndicat Solidarité est légalisé, et elle l'accompagne en juillet dans ce pays, ainsi qu'en Hongrie. Elle assiste au sommet de Malte sur la réunification allemande avec Gorbatchev puis au sommet d'Helsinki : l'une de ses fonctions comme assistante de Scowcroft est de préparer les voyages officiels et de décider des personnes à rencontrer. De même, elle escorte Gorbatchev lors de sa tournée aux États-Unis. On peut dire qu'une fois de plus, la chance s'en mêle : elle passe deux années dans ce lieu stratégique quand l'Europe de l'Est se libère et que l'URSS s'effondre, ce qui lui permet de donner la mesure de ses talents. Paradoxalement, ses compétences la mettent en situation d'être actrice dans un conflit du passé, la guerre froide. La présidence de George Herbert Bush est aussi celle de la première guerre du Golfe qui, même si on ne le sait pas encore, annonce l'avenir de la politique étrangère américaine. Le département de Condoleezza Rice n'est pas directement concerné. Le Conseil pour la sécurité nationale reste néanmoins un poste d'observation exceptionnel. Mais Condi a trop à faire ailleurs ; à aucun moment, elle ne laissera entendre qu'elle y a acquis une première expérience utile pour les missions qui seront les siennes après le 11 Septembre.

C'est quand la guerre se termine, en mars 1991, qu'elle part, sans que l'on sache exactement pourquoi. Brent Scowcroft lui demande pourtant de rester, mais il semble qu'elle veuille retourner enseigner, et il émet même l'idée — est-ce pure conjecture de sa part ? — qu'à trente-six ans, elle veut fonder une famille. De son côté, elle se dit fatiguée, elle ne voudrait pas faire encore dix-huit mois d'un tel travail — argument bien peu convaincant quand on sait combien son agenda a toujours été rempli, et le reste dans les années qui suivent. Quoi qu'il en soit, Scowcroft hésite à la remplacer par Ed Hewett, un universitaire dont il craint qu'il ne se plie pas assez bien aux compromis nécessaires entre organes administratifs. Finalement, Hewett — qui meurt d'un cancer en janvier 1993 — donne satisfaction dans un travail qu'on croyait au départ être un simple suivi : selon Scowcroft, tous les progrès dans la position à l'égard de l'URSS avaient déjà été faits, très rapidement, et on entrait alors dans une simple phase de consolidation. C'est peut-être ce qui explique qu'on n'ait plus autant besoin d'elle, et aussi qu'elle souhaite reprendre sa liberté ; elle n'est pas femme à perdre son temps une fois la tâche accomplie. Lui a-t-on déjà fait valoir l'utilité d'acquérir une expérience dans le secteur privé pour compléter sa formation ? Ceux qui mettent en cause sa compétence politique souligneront qu'il valait pourtant la peine de rester pour assister en direct aux événements capitaux de la fin de 1991 en URSS, et que si elle ne l'a pas fait, c'est qu'au printemps, elle ne se rendait pas compte que la situation allait évoluer à cette allure — critique facile a posteriori. À sa décharge, qui le prévoyait dans l'Administration Bush ou ailleurs ?

Cette expérience est pour elle très formatrice. On devine le lien étroit qui devait unir Scowcroft, ancien militaire, ancien universitaire, parlant bien russe et passionné par le pays, spécialiste des armes nucléaires, et pour couronner le tout, homme de religion, avec la jeune femme qu'il a distinguée et qui partage ses valeurs et ses passions. Il exerce sur elle une telle influence qu'on serait tenté de voir en lui un « troisième père », le père en politique. Elle ne le dit jamais en ces termes, comme elle l'a dit de Korbel, mais elle s'inspire incontestablement de lui, reprenant sa vision du Conseil pour la sécurité nationale comme organe modeste voué au conseil et à l'organisation des différentes sources en vue d'informer objectivement le Président et non de se mêler à l'action. Lorsque, de 2000 à 2004, on lui reproche son action en retrait, elle sait exactement ce qu'elle fait. Apprécions au passage l'extraordinaire capacité qu'elle manifeste à apprendre de ses mentors successifs et à rester fidèle à leur enseignement jusqu'au mimétisme. Soulignons également que Scowcroft, républicain bon teint certes, a, au sommet de sa carrière dans les années 1970, été le bras droit de Henry Kissinger qui cumulait le poste de Secrétaire d'État avec celui de conseiller pour la sécurité nationale. Le mentor de Condi a donc lui-même été formé à une politique de détente plus que de confrontation : ce n'est en rien un « faucon », comme le montre son éloignement progressif des milieux dirigeants après la guerre d'Irak. Condi, par sa formation, présente donc un profil assez différent de celui d'un Rumsfeld ou d'un Cheney, même si elle ne s'identifie pas à la stratégie de Powell. C'est aussi grâce à cette expérience sous le premier Président Bush qu'elle fait la connaissance de tous ceux qui comptent en politique étrangère dans l'establishment politique républicain et qu'elle retrouve sous le Président Bush fils — y compris, parmi ceux que nous n'avons pas encore cités, Richard Zoellick qui deviendra son adjoint au Département d'État.

Comme toujours, elle garde le contact de façon plus personnelle. Elle parle à la convention républicaine de 1992, elle travaille pour la Hoover Institution, mais à côté de cela, elle participe de près avec Scowcroft à la rédaction du livre de souvenirs de Bush père, *A World transformed* qui paraîtra en 1998, et c'est elle qui est la narratrice dans la version audio qu'a réalisée Random House. Cette petite équipe se retrouve à Houston dans l'intimité familiale des Bush, que, dès lors, elle ne quittera plus. Partout où elle a réussi son entrée, elle ne laisse plus la porte se refermer.

L'écurie républicaine

Laura Flanders qui, dans son ouvrage *Bushwomen*, réunit les témoignages à charge contre Condoleezza Rice, laisse entendre qu'au milieu des années 1980, cette dernière faisait délibérément état de ses convictions républicaines — alors fort pâles encore — dans un milieu universitaire hostile, pour mieux se faire remarquer. On ne saurait nier, pourtant, que son choix politique correspond à des convictions profondes. Mais cela n'empêche pas que jouent d'autres mécanismes de sélection. Si la jeune femme refuse qu'on voie en elle un produit de la discrimination positive, une autre lecture de son histoire conduira à attribuer une partie de son succès, de son ampleur, de sa rapidité, à d'autres forces supérieures dont la bienveillance ne s'exerce pas envers un groupe social ou ethnique, mais envers une petite élite sélectionnée. Dans ces années 1980, elle fait aussi figure de poulain de l'écurie républicaine que, peut-être, on prépare très en amont à de hautes responsabilités.

Elle n'a pas visé Stanford dans cette intention, mais pour l'excellence universitaire. C'est néanmoins un vivier pour les élites politiques. En dehors de son centre de recherches internationales, en liaison avec des hommes de premier plan et proches du pouvoir, elle abrite la Hoover Institution. Cette organisation puissante et complexe, installée sur le campus avec sa prestigieuse bibliothèque, n'est pas qu'un centre de recherches, mais aussi un *think tank* où l'on réfléchit aux politiques républicaines. Citadelle de l'anticommunisme dans les années 1980, elle offre un lieu d'études et de contacts à tous ceux qui comptent parmi les penseurs de droite, et elle fera presque figure de « cabinet fantôme » républicain pendant l'ère Clinton. La période charnière pour Condoleezza Rice se situe en 1986-1987, car elle enchaîne une année comme chercheur associé à Hoover et une année à l'état-major et c'est tout de suite après que Brent Scowcroft l'a distinguée et a favorisé sa carrière. Il l'emmène d'abord avec lui au Conseil pour la sécurité nationale sous le Président Bush père. Il la fait ensuite entrer, au début des années 1990, au Aspen Strategy Group, autre *think tank* influent. George Shultz, son parrain dans le monde des affaires, l'encourage aussi à se joindre à des missions d'études au Proche-Orient et en Asie, pour élargir sa connaissance des affaires internationales, trop centrée sur l'Europe. À cette époque, ayant repris son poste à Stanford, elle est certes très impliquée dans la vie universitaire ; mais on peut se demander si son vrai point d'attache n'est pas la Hoover Institution où elle passe de plus en plus de temps et qui l'accueille opportunément en 1999 lorsqu'elle est prise par la campagne républicaine. Elle y travaille par exemple avec Martin Anderson, chercheur associé de Hoover depuis 1971, vétéran de toutes les campagnes républicaines depuis celle de Nixon en 1968 et qui, après l'échec de Bob Dole face à Clinton en 1996, préside un nouvel organisme, le *Congressional Policy Advisory Board*, destiné à former les représentants républicains, dans la perspective de la sélection pour la présidentielle de 2000. Elle y rencontre des hommes d'influence, dont beaucoup avec qui elle a travaillé en 1989, qu'elle retrouvera ensuite dans le groupe des « Vulcains », chargé d'élaborer la politique extérieure du candidat Bush.

En la parrainant dans tous les circuits, de la politique, de l'Université, des affaires aussi, on forge un personnage qui sera prêt le moment venu. Mais telle était sûrement la destinée d'une femme aussi exceptionnelle. Ce qui le confirme, c'est qu'en dehors des parrains précieux que nous avons mentionnés, d'autres pensent spontanément à elle : Scowcroft la fait venir au Conseil pour la sécurité nationale en 1989, mais Dennis Ross, qu'elle ne connaît pas spécialement, pensait au même moment lui proposer de le rejoindre au Département d'État. Mieux encore, on a l'impression qu'il en aurait été de même chez les Démocrates : sollicitée pour collaborer à la campagne de Gary Hart en 1984, par l'entremise de Coit Blacker, un collègue et ami, elle l'est encore — un peu par erreur quand même — pour celle de Dukakis en 1988 : on se dit que, comme Colin Powell, elle aurait pu choisir n'importe quel camp, elle aurait pris du galon. Certes, il y a plus de concurrence chez les Démocrates, encore qu'aucune femme noire ne se démarque au même niveau, mais il serait injuste de soupçonner un calcul dans cette carrière menée de main de maître : ses convictions républicaines sont d'une sincérité totale.

7.

DANS LA COUR DES GRANDS

Armée de l'expérience de Washington, c'est une autre Condoleezza Rice qui revient à Stanford. Elle reprend sa carrière professorale, écrit encore un livre, des articles, participe à la vie administrative au plus haut niveau, mais c'est désormais une personnalité qui échappe au simple cadre de l'Université ; les tentations, les sollicitations extérieures sont nombreuses — renforçant d'ailleurs son prestige dans l'établissement. Une carrière politique en Californie, son État d'adoption, semble possible : le gouverneur lui a demandé de participer à la commission de réflexion sur le découpage électoral et songe à elle pour un siège de sénateur. Son refus prouve que l'Université est encore sa première préoccupation ; l'association des élues de Californie, qui est bipartisane, la nomme « femme de l'année » en 1992. Cette année-là, elle est l'un des orateurs à la convention républicaine de Houston. Elle est souvent interviewée dans les médias en tant que spécialiste de l'URSS, et participe à de nombreux groupes de réflexion. Elle fait aussi des conférences prestigieuses devant des cercles d'ambassadeurs par exemple ; on la demande au Japon, en Chine, en Russie également.

Une gestionnaire décidée

À Stanford, elle reprend l'enseignement, et est même promue, mais ce qui va l'absorber beaucoup plus désormais c'est la gestion. Elle retrouve ses fonctions dans de nombreuses commissions, pour la nomination de l'entraîneur de football, du doyen des admissions, du président de l'Université, et elle appartient l'année suivante à la commission de réflexion sur le statut des femmes dans l'Université, au comité de planification. Mais surtout à la surprise générale, à peine vient-elle d'être nommée *full professor* — professeur avec chaire — en mai 1993, à trente-huit ans, qu'en juin le président Casper lui demande de prendre le poste de *provost* — l'équivalent approximatif de notre doyen. C'est de nouveau l'histoire d'une rencontre : en 1992, elle faisait partie de la commission chargée de sélectionner les candidats à la présidence de l'Université. À cette occasion, elle a rencontré Gerard Casper à Chicago et — schéma bien connu — a fait sur lui une telle impression que l'année suivante, il la choisit pour assumer un rôle de pouvoir qui en fait le numéro deux, mais un rôle très ingrat aussi puisqu'il s'agit de rétablir les finances de l'Université. Aucune femme, aucun responsable aussi jeune, et bien sûr aucune personne avec si peu d'expérience dans le domaine n'a jamais été nommée à ce poste : elle a vingt ans de moins que tous ses prédécesseurs, elle a sauté l'étape normale qui aurait été de devenir « doyen » d'une des facultés. Mais le nouveau Président a toute confiance en elle. Ce qui surprend d'ailleurs le plus sur le campus, c'est qu'il nomme une Républicaine déclarée dans ce milieu massivement démocrate. Il lui faut donc gérer un budget de un milliard et demi de dollars et un personnel de mille quatre cents personnes. Il lui faut surtout redresser un déficit ancien de vingt millions qui fait mauvais genre. Dès novembre 1993, elle présente un plan drastique de réduction des budgets des départements et des services aux étudiants, ainsi que de licenciements éventuels. Elle veut revenir à l'équilibre en deux ans et y réussit : en 1996, l'Université a reconstitué des réserves. Mais pour ce faire, elle a agi sans état d'âme, dans une perspective purement comptable. C'est pour elle l'occasion de faire son expérience de la gestion presque comme dans une entreprise privée. Il est vrai qu'à l'époque déjà, depuis 1991, elle fait ses classes dans une multinationale et qu'elle réagit plus selon des critères économiques. Mais cette vision, elle l'a déjà en elle : dans sa contribution personnelle à l'ouvrage qu'elle édite en 1986 sur l'URSS de Gorbatchev, elle réexamine le rapport coût-bénéfice de la présence soviétique en Europe de l'Est comme si l'URSS était une société commerciale, point de vue qu'un kremlinologue français, même à la recherche d'originalité à tout prix, n'aurait pas imaginé. Elle conclut quand même que le coût n'est pas l'argument essentiel...

Des convictions mises en pratique

Elle redresse donc le budget de l'Université, vigoureusement, mais à quel prix : ni les structures administratives, ni les étudiants n'échappent à sa politique de rigueur et à la chasse aux gaspillages. Ce faisant, elle donne la preuve, aux autres cette fois, qu'elle tient pour rien la discrimination positive, et qu'en aucun cas, des considérations ethniques ne sauraient l'arrêter. Son action en tant que responsable des études aggrave même son cas aux yeux des étudiants noirs ou hispaniques. Plus généralement, le soutien à aucune minorité ne lui semble être une cause valable, comme les femmes de Stanford vont en faire l'expérience.

En tant que doyen, elle est directeur du personnel en même temps que directeur financier. Or l'une de ses décisions, dans le cadre des licenciements pour réduire le déficit budgétaire, est de renvoyer Cecilia Burgana. C'est s'attaquer à un monument et à un symbole. Cecilia Burgana occupe depuis vingt-trois ans le poste de responsable du second cycle d'études, de la discrimination positive et du développement, et jouit d'une énorme popularité : elle a milité activement pour faire reconnaître la place de la minorité d'origine hispanique. Elle est aussi un symbole de la réussite, avec son mari le muraliste mexicain Antonio Burciaga, pour les nombreux postes qu'elle a occupés dans le système éducatif de Californie — elle est la première *Chicana* parvenue à une position aussi élevée. Cecilia Burgana est en quelque sorte l'équivalent d'une Condoleezza Rice pour les *Latinos*, à cette différence qu'elle lie le sort des minorités à l'action collective. La carrière de Burgana, qui a déjà été commissaire au conseil national consultatif pour les femmes sous le Président Carter, ne souffre pas de ce licenciement : elle retrouve une position équivalente dans l'Administration Clinton, poursuit sa carrière à l'Université de Monterey et la liste des honneurs qui lui sont conférés ne le cède pas beaucoup à celle de Condi. De même, cette dernière, dans un souci de rationalisation, mais sans tact particulier, cherche à regrouper les centres communautaires ethniques du campus dans un seul bâtiment, ce qui leur donne l'impression d'être confinés dans une sorte de ghetto. Les étudiants, choqués par ce qu'ils considèrent comme un mépris pour l'expression des minorités ethniques entament même, en 1994, une grève de la faim qui ne la fait pas revenir sur ses décisions.

Son hostilité au communautarisme s'exprime en ce qui concerne la discrimination positive, mais aussi dans la résistance qu'elle manifeste au multiculturalisme très en vogue dans les grands établissements américains à l'époque : il s'agit, au nom de l'égalité de toutes les cultures mondiales, de faire reculer la place de la culture occidentale dans les programmes universitaires. Quand il est question à Stanford, dans la réforme du cursus, d'accorder une autonomie aux études ethniques, en créant un département séparé d'études africaines et afro-américaines, et éventuellement d'études hispaniques puis asiatiques américaines, Condi s'y refuse — avec un succès qui ne lui sera pas pardonné — en obtenant leur regroupement dans un département unique à vocation comparative. Elle le fait en parfaite entente avec le président Casper, car il est important pour l'Université de corriger une image par trop gauchisante qui lui nuit auprès de ses financeurs. Mais, à titre personnel, elle s'en explique ainsi : « Je pense qu'il faut être capable de transcender les frontières culturelles. Il est très bien que l'histoire noire soit incorporée à l'histoire américaine, car à mes yeux, les Européens et les Africains ont débarqué ici ensemble et ont construit ce pays ensemble » — l'euphémisme déjà a dû en faire frémir plus d'un ! Et, poursuit-elle : « Si vous voulez lire et comprendre Frederick Douglass, alors mieux vaut comprendre Thomas Jefferson, car c'est sa référence. » Seuls les spécialistes lèveront le sourcil. Mais qu'il lui vienne à l'idée de prendre comme exemple Frederick Douglass n'a rien d'innocent. Si se référer au leader noir du siècle précédent, Booker T. Washington, prête déjà au soupçon de complaisance envers les Blancs, mentionner à ses interlocuteurs du moment un homme extraordinaire certes, mais ancien esclave devenu « nègre blanc », relève de la provocation.

Enfin, les femmes demandent aussi l'égalité de traitement à l'Université. Il ne s'agit plus d'étudiantes mais des enseignantes. Les femmes professeurs de Stanford se plaignent : elles sont peu nombreuses et leur pourcentage ne progresse pas. Département par département, elles dénoncent des obstacles, des discriminations. Certaines affaires deviennent des enjeux publics, notamment celle d'une enseignante d'histoire à laquelle on refuse un poste permanent. Dans l'ensemble comme sur chaque cas particulier, le doyen ne ressent pas de solidarité particulière et se réfugie derrière les critères d'excellence et l'objectivité des chiffres. La logique est parfaite : avec un taux de renouvellement du corps professoral de 2 %, et si l'on n'élargit pas ce corps par recrutement, le changement ne pourra qu'être lent, et « que les gens aiment ou non cette réalité arithmétique, c'en est une ».

Elle dit comprendre l'émotion suscitée, mais ajoute que, dans sa fonction, il est plus utile d'essayer de trouver une solution. « Je suis quelqu'un qui s'appuie beaucoup sur les faits et l'analyse. Quand j'identifie un problème, ma première question est "Pourquoi a-t-on ce problème ?" plutôt que d'accuser les autres d'essayer de le faire perdurer. » On discerne le raisonnement qui vaut à ses yeux pour les minorités ethniques : il faut d'abord chercher la solution en soi et ne pas attendre d'aide extérieure. Implicitement, faut-il comprendre que ces femmes qui se plaignent ne sont pas à la hauteur, puisque elle-même a si bien réussi ? Elle doit faire grincer des dents à plus d'une en déclarant qu'elle ne croit pas à la discrimination contre les femmes en ces termes d'une désinvolture provocante : « Peut-être y a-t-il des préjugés inconscients... [contre elles]... mais qui n'en a pas ? »

Le résultat, c'est qu'elles n'obtiennent rien et que le pourcentage de professeurs femmes à Stanford ne s'améliore guère, passant modestement de 15,8 % de 1993 à 17,8 % en 1996. Cela étant, il ne faut pas surestimer le rôle du doyen, notamment pour ce qui concerne le recrutement : elle fait son travail, comme dans une grande société. L'efficacité compte avant tout. Plus ennuyeux, et signe de tensions, quand elle quitte son poste en 1999, l'Université fait face à plusieurs plaintes pour « préjugés » et discriminations sexistes et non-application de la discrimination positive. Une enquête du ministère du Travail fut diligentée, mais aboutit à un non-lieu sous l'Administration Bush.

Chez un esprit aussi politique, on aurait pu imaginer un peu plus de volontarisme. Mais elle n'en comprend pas l'utilité. Ses parents ne lui ont pas préféré un frère et ils l'ont élevée comme ils l'auraient fait d'un fils, avec les mêmes ambitions, les mêmes expériences si possible. Elle ne dit jamais avoir souffert du machisme, au contraire peut-être : la jeune femme qu'elle était a bénéficié de son charme et la femme adulte totalement libre de charges n'a jamais craint la compétition masculine. Finalement, elle refuse d'agir pour les femmes comme elle le refuse pour les Noirs, car elle ne croit pas au statut particulier des minorités, mais à la réussite totale de l'individualisme américain. Elle dit ainsi qu'elle ne se voit pas comme modèle. Elle accepte d'en être un mais dans ce cas, elle espère l'être aussi pour de jeunes hommes, pas seulement pour des femmes...

Si elle déçoit les femmes en ne s'engageant pas du tout pour elles, comme elle a déçu les minorités ethniques, c'est parce que ce n'est pas du tout son histoire. Ce faisant, elle est un peu en contradiction avec John Wesley Rice qui, à Denver, a mené de façon volontariste une politique de discrimination positive pour favoriser l'entrée des Noirs — on pourrait même dire qu'il a été embauché précisément pour mener le même type d'action que... Cecilia Burgana. Mais Condi, sans d'ailleurs jamais mettre en cause cette action, ne lui voue pas de respect particulier et refuse tout favoritisme, que ce soit pour les hispaniques, pour les Noirs ou pour les femmes : que chacun se débrouille comme moi, semble-t-elle penser. En fait, de même qu'il faut souvent un gouvernement de gauche pour faire accepter une politique de rigueur, elle s'autorise de ce qu'elle est pour faire l'inverse de ce qu'on attendrait d'elle et mener une politique rude, qui aurait suscité bien plus de réticences encore si elle l'avait été par un homme blanc.

Dans un dernier domaine, ses prises de position sont propres à la faire haïr de la gauche californienne : elle ajoute au lourd passif que représente déjà son comportement à l'égard des minorités, des femmes, une relative insensibilité à l'environnement. À Stanford, on manque de logements pour les étudiants. Les projets se heurtent à l'opposition de ceux qui refusent qu'on bâtisse sur le campus, dont les propriétaires du terrain. Condi est pour le développement de l'Université qui, selon elle, a eu jusque-là un comportement responsable, et elle fait valoir que « le trust Stanford n'a pas été légué pour être un espace vierge ». Il faut l'utiliser. De même, les rares fois où elle parle de l'industrie pétrolière, c'est pour défendre ce qu'elle apporte au pays.

En la nommant doyen, le président de l'Université faisait un pari et attendait des résultats. Condi, une fois de plus, n'a pas déçu ; elle a remporté un grand succès face à ceux qui pensaient qu'on ne pouvait pas équilibrer le budget de l'Université, ou qui ne croyaient pas qu'une jeune femme le ferait. Elle a forcé le respect des grands administrateurs, et des bailleurs de fonds de l'Université qui a vu les dons affluer — et renforcé en proportion son influence dans l'établissement. Inversement, dans sa posture de « Madame Non », elle a déçu ceux qui peut-être en attendaient trop, qui croyaient qu'une Noire se sentirait forcément du côté des minorités, qu'une femme favoriserait automatiquement les femmes — soit l'exact opposé de ce qu'elle pense elle-même. Elle a répondu aux attentes de ceux qui l'ont nommée, elle n'a déçu que des espoirs mal placés. Cela étant, sa manière d'agir, en décideur qui tranche, sans hésitation, sans retour en arrière, a été très diversement appréciée. Passons sur le fait qu'à son départ, le ministère du Travail a lancé une enquête sur les préjugés contre les femmes et les minorités à Stanford. Dans la confrontation, elle est très entière. Est-ce que la grève de la faim entamée par certains étudiants contre les licenciements la trouble un peu ? Non, répond-elle : « Moi je n'ai pas faim, ce n'est pas moi qui ne mange pas. » Ceux qui la considèrent comme une femme de dossier ont pu découvrir aussi une femme d'action avec une certaine poigne.

Dans un rare moment où elle reconnaît n'avoir peut-être pas eu tout à fait raison, elle a dit plus tard y avoir été « à la dure » et que si c'était à refaire, elle le referait plus gentiment. C'est cela aussi, Condoleezza Rice : elle ne met pas son drapeau dans sa poche, mais elle est toujours capable de s'adapter et d'apprendre. Stanford a été pour elle une école de gestion financière, mais aussi de communication. Lorsqu'elle a pris ses fonctions de doyen, elle a peu consulté, a décidé seule, et s'est rendue très impopulaire parmi les étudiants. Son expérience récente de la décision en politique la préparait peut-être mal à la collégialité. Sa force a été, là encore, de ne pas changer de cap, mais de s'efforcer de mieux faire admettre ce qui posait problème. Elle a travaillé son image publique, est devenue plus visible et plus proche des étudiants — à la salle de sports par exemple. Finalement, si elle a gardé une mauvaise image auprès des militants, la masse des étudiants de premier cycle lui a fait une ovation debout lors de son dernier discours en 1999. L'un d'entre eux reconnaît à cette occasion qu'elle a su s'adoucir et faire savoir « qu'elle a à prendre des décisions difficiles, mais n'est pas un tyran ». Ne céder sur rien, mais réagir à la critique en communiquant mieux, voilà un talent supplémentaire qu'elle a été bien avisée d'acquérir.

Un pétrolier nommé « *Condoleezza* »

Ni liens familiaux, ni fortune personnelle ne prédisposaient Condoleezza Rice à entrer dans le monde des affaires, non plus que sa carrière initiale vouée à l'Université. Mais elle échappe à ce monde grâce à son passage en politique, et son expérience s'élargit alors au secteur privé, lui offrant des contacts précieux s'il en est dans les milieux influents du pays. C'est la chose la plus naturelle pour un membre de l'Administration qui quitte son poste que de se reconvertir à la direction d'une société, ou de mettre à profit son expérience, son influence et son carnet d'adresses comme consultant ou comme membre de conseils d'administration. Rien d'étonnant donc à ce que, lorsqu'elle quitte l'équipe Bush en 1991, tout en retrouvant son poste à Stanford, Condoleezza Rice entre successivement dans plusieurs conseils d'entreprises prestigieuses.

C'est avec Chevron, multinationale du pétrole, qu'elle a une histoire plus suivie, à laquelle elle ne mettra fin que parce qu'elle y est obligée par ses nouvelles fonctions politiques. Lorsqu'elle entre au conseil de direction de Chevron en 1991, ce n'est pas pour remplacer un membre sortant : on crée un nouveau poste pour elle. C'est bien qu'on se promet beaucoup de sa collaboration. Effectivement, si elle n'a pas de compétences sur l'industrie pétrolière, elle en a sur l'ex-URSS, et la grande affaire de Chevron à l'époque est de développer le pétrole du Kazakhstan. On peut même dire qu'elle a travaillé pour Chevron avant d'y entrer, puisque c'est en juin 1990, pendant le voyage de Gorbatchev aux États-Unis, qu'elle a piloté personnellement, que le vice-président de Chevron a signé un accord avec les responsables du secteur énergétique soviétique. Des censeurs diraient qu'elle y entre pour services rendus, mais en réalité l'évolution politique va la conduire à exercer vraiment ses talents. Après l'indépendance du Kazakhstan, l'accord signé avec les Russes ne vaut plus rien et il faut tout reprendre avec les nouvelles autorités. Elle y travaille donc, à la tête de la commission des politiques publiques de la firme. C'est en 1993 que Chevron signe un accord avec le gouvernement kazakh pour construire un oléoduc entre le gisement de Tengiz et le port russe de Novorossisk sur la mer Noire. Les travaux ne sont achevés qu'en 2002. Chevron ne possède que 20 % de la société mixte qui est créée, mais cette opération contribue à étoffer grandement ses activités dans le secteur des oléoducs. Le « salaire » de Condoleezza n'a rien d'extravagant — trente-cinq mille dollars par an plus quinze cents dollars par réunion, et les frais ; néanmoins, elle accumule pour deux cent cinquante-cinq mille dollars d'actions. Chevron, en signe de reconnaissance, baptise en 1993 un de ses pétroliers *Condoleezza Rice* au cours d'une cérémonie à Rio de Janeiro. Dans l'Amérique du business, l'accusation de corruption, que nul n'a jamais proférée d'ailleurs, serait très peu étayée. Seul le *Center for Public Integrity*, lobby citoyen, évoque sans grand écho cette possibilité. Elle quitte finalement le conseil d'administration de Chevron pour éviter tout conflit d'intérêt, mais sans doute à regret car elle attend le 15 janvier 2001, après sa nomination par le Président Bush, pour le faire. Au printemps 2001, le pétrolier *Condoleezza-Rice* est discrètement rebaptisé *Altair Voyager*. À l'évidence, s'il s'agit des intérêts pétroliers, Condoleezza Rice ne joue pas dans la même catégorie que Dick Cheney — même si Halliburton, qu'il dirige alors, a travaillé avec Chevron au Kazakhstan.

Pour le reste, sa participation au monde des affaires ne se limite pas à Chevron, mais n'a pas de dynamique propre. Elle profite surtout des introductions successives de George P. Shultz, le Secrétaire d'État de Reagan qui, après l'élection de George Bush en 1989, rentre à San Francisco comme membre du conseil d'administration de Bechtel, une grande société de travaux publics. Il est aussi au conseil de l'institut de relations internationales de Stanford, où elle travaille, comme à la Hoover Institution, et habite comme elle sur le campus. Il était chez Chevron avant elle, puis il la fait venir au conseil d'administration de la Transamerica, société de services financiers liés notamment aux assurances, où elle reste huit ans ; lorsqu'elle en sort, c'est pour suivre les traces du même George

Shultz, chez Charles Schwab, où il est entré deux ans avant elle. Ils se retrouvent dans la même commission de la compensation et garantie de qualité à la clientèle. En 1995, elle est entrée au Conseil consultatif sur les affaires internationales de la banque JP Morgan and Chase, que préside... George Shultz. Elle participe aussi, plus épisodiquement, pendant deux ans au conseil de direction de Hewlett Packard.

Ces nouvelles fonctions font entrer Condoleezza Rice dans le club des puissants. Les nombreuses récompenses qu'on lui décerne vont désormais moins à la bonne enseignante qu'à la femme publique, la femme d'influence. La biographie officielle du Département d'État les mentionne : elle est devenue membre de l'Académie américaine des Arts et des Sciences, s'est vu conférer un doctorat *honoris causa* du Morehouse College en 1991, de l'Université d'Alabama en 1994, de l'Université Notre Dame en 1995. Après son entrée dans l'Administration, la liste s'étoffe avec l'Université de la Défense nationale en 2002, la faculté de droit du Mississippi en 2003, l'Université de Louisville et l'Université d'État du Michigan en 2004. Elle est aussi au conseil d'administration de l'Université Notre Dame, de la Fondation Carnegie pour la paix, de la Fondation William et Flora Hewlett, de la Rand Corporation, un autre centre de recherches, du conseil national pour les études soviétiques et est-européennes, de la radio publique de San Francisco ainsi qu'au conseil des gouverneurs de l'orchestre symphonique de la ville. Faut-il préciser qu'ici elle croise Shultz, là Scowcroft, qu'ailleurs encore, elle aide à l'élection de Paul Brest, le doyen de la faculté de droit de Stanford ?

L'influence qu'elle acquiert et qu'elle exerce lui donne aussi une grande liberté d'esprit pour envisager l'avenir. Quand elle commence à s'impatienter à Stanford en 1999 — elle a fait le ménage dans les finances et dans les études, mais elle ne se voit pas redevenir simple professeur —, elle songe à la politique qu'elle n'a plus jamais abandonnée en fait, puisqu'elle conseille déjà George W. Bush. Elle pense aussi à utiliser ses compétences de politique internationale dans le privé pour, dit-elle, acquérir une expérience pratique des réformes économiques et politiques dans le cadre de la mondialisation. Consciente d'avoir été jusque-là trop spécialisée dans les affaires européennes, peut-être tient-elle à élargir encore l'éventail de ses compétences, en vue peut-être d'autres fonctions. Elle ne donnera pas suite à cette idée : la politique l'absorbe déjà trop. Ayant quitté le poste de doyen de Stanford le 1ᵉʳ juillet 1999, elle prend une année d'absence comme expert associé dans ce refuge bien commode qu'est la Hoover Institution. Deux semaines après son arrivée, l'institution bénéficie à point nommé d'un don de philanthropes, Thomas et Barbara Jefferson, afin de financer un poste pour un associé qui serait

« une personnalité reconnue comme l'un des experts les plus remarquables dans son domaine avec une volonté affirmée de se consacrer à la recherche publique ». Ce n'est pas une donation *ad feminam*, on n'a pas de raison de croire qu'elle est sollicitée, mais c'est un poste sur mesure pour ce qu'elle a à faire dans l'année à venir.

8.

LA « CÉLIBATTANTE »

La jeune femme et les vieux messieurs

Le parcours suivi par le brillant espoir universitaire, devenu espoir du parti républicain, est si réussi qu'on peut le lire comme un plan de carrière : se former à la réflexion, puis passer à la pratique de façon graduée, d'abord par un stage à l'état-major, puis, une fois dégrossie, un poste au Conseil pour la sécurité nationale ; le quitter pour acquérir une expérience de la gestion privée chez Chevron, et une expérience de la gestion publique à Stanford, tout en collaborant de plus en plus étroitement avec l'équipe de penseurs et de responsables de haut niveau qui élaborent la politique étrangère des Républicains à la Hoover Institution et essayent de l'imposer ; enfin se trouver prête, à la fin des années 1990, pour prendre des responsabilités plus publiques et rendre les services qu'on attend d'elle après cette formation longue et complète, sur laquelle de bonnes fées — ou plutôt quelques enchanteurs — ont jalousement veillé. Tout cela n'est-il pas un peu simple ? Condoleezza Rice est un personnage qu'on ne manipule pas. On mise certainement sur elle dans l'écurie républicaine, mais son succès dépasse largement le coup de pouce des *think tanks* républicains et ce parcours, elle l'a accompli dans des conditions très personnelles. C'est une jeune femme qui s'impose par sa présence, et aux bonnes personnes.

Les hagiographies, dans leur candeur, sont parfois révélatrices. Mary Dodson Wade écrit avec attendrissement dans celle qu'elle consacre à Condoleezza Rice, *Being the Best*, qu'au département des sciences politiques de Stanford, c'est une jeune femme de trente ans entourée de messieurs aux tempes grisonnantes. Cette scène récurrente, aisée à imaginer, est d'ailleurs fixée sur pellicule par exemple en 1990 : dans les jours qui précèdent la conférence d'Helsinki, réunis dans une petite salle, le Président Bush père, un amiral, des généraux, tout un groupe de messieurs sérieux écoutent sagement une toute jeune femme qui, debout au milieu d'eux un papier à la main, leur fait son exposé. Mary Dodson Wade risque même une formule, sans penser plus avant : « Une femme noire au milieu de vieux messieurs blancs. » On n'ose mettre trop en avant cette distinction taboue, tellement sacrée que le politiquement correct peut conduire au ridicule : quand elle rencontre Poutine, auquel elle a été présentée quelque temps auparavant, elle minaude : « Je suis sûre que vous ne vous souvenez pas de moi. » Et le journaliste qui rapporte la scène de commenter : « Bien sûr, il a vu tellement d'Américaines charmantes et intelligentes qui parlent russe et qui répondent à un nom comme Condoleezza ! » Si Poutine se souvient d'elle, il y a beaucoup de chance pour que ce soit, en premier lieu, parce qu'elle est noire, mais on ne peut pas le dire — encore que ce soit exactement cela que signifie l'allusion transparente à son prénom.

Laissons donc de côté cet aspect des choses. Reste que sa carrière a progressé parce qu'elle a, au bon endroit, au bon moment, attiré l'attention de personnages influents.

Passons-les brièvement en revue : à l'Université déjà, Korbel, qui n'aimait pas les étudiantes, l'admet ; à Notre Dame, elle s'assure le soutien de Kingsley, et Dallin lui donne un coup de pouce pour les publications. C'est sans trop de conséquences, même si ensuite le président de Stanford lui fait également la courte échelle. Dans le monde politique, elle impressionne en 1987 Brent Scowcroft, alors à la direction de la société de consultants Kissinger Associates, qui l'introduit à Washington — elle a déjà eu une bourse pour passer une année au Pentagone en 1986 comme assistante des chefs d'état-major et y rencontre Colin

Powell — puis il la fait venir à la Maison Blanche en 1989 ; à partir de là, elle accompagne en voyage Bush senior qui l'apprécie comme conseillère sur les affaires soviétiques, et devient l'éminence grise de Bush junior. Un autre personnage clé est George Shultz, membre de l'Administration Reagan, qui voit clairement en elle un espoir du parti. Il fait plus encore que les autres, en l'introduisant dans les milieux d'affaires quand elle quitte le Conseil pour la sécurité nationale pour retourner à Stanford en 1991, c'est lui aussi, qui, guidant les efforts des experts de la Hoover Institution pour consolider les Républicains défaits en 1996, la fait inviter au ranch de Crawford pour la première fois en 1998. On ne lui devine qu'un seul échec probable. Quand son ami — à l'époque — Strobe Talbott, qui dirige la politique russe de Clinton, la fait venir à la Maison Blanche avec d'autres experts pour informer Clinton sur la Russie, il est dit qu'elle s'est mise en frais pour charmer ce dernier — mais apparemment sans résultats. Peu avant, en 1993, on parlait pourtant d'elle pour le poste d'ambassadeur à Moscou.

Au fond, ces succès répétés ne sont pas si étonnants : son bagage, sa spécialité, son origine, les convictions qu'elle professe font d'elle une perle rare. Mais il y a autre chose, une équation personnelle, une rencontre à chaque fois et une séduction évidente : cette jeune femme a quand même fait la conquête de beaucoup d'hommes d'âge mûr — séduction en tout bien tout honneur, car les sentiments qu'ils semblent éprouver sont des plus paternels, en même temps que des plus utiles. Son charme opère, bien sûr. Un politicien cynique comme Ariel Sharon est allé jusqu'à déclarer, bien plus tard, qu'il avait du mal à se concentrer lors de ses discussions avec elle, parce qu'il était trop occupé à regarder ses jambes, mais il serait tout à fait offensant d'imaginer en ces termes ses relations avec les puissants dans les années 1980. Notons au passage que Strobe Talbott, dans son rôle de Secrétaire d'État adjoint dans l'Administration Clinton, a été décrit comme « le genre de jeune homme qui rassure les hommes plus âgés » : la catégorie ne se compose donc pas que de séductrices en jupons. Il s'agit plutôt d'une certaine qualité de loyauté, d'écoute également, qui ne se résume pas au charme féminin, même si celui-ci est bien réel. L'une des grandes qualités de Condi est que, si intelligente, si présente qu'elle soit, elle ne se met jamais en avant au détriment du puissant dont elle a l'oreille ; au contraire, elle met inconditionnellement ses compétences à son service, et, comme dit le Président Bush, « elle ne la ramène pas » — qualité inestimable. Dans un équilibre subtil, elle est douée pour l'admiration, sans jamais être une admiratrice béate, comme il s'en trouve tant, mais elle n'entre jamais en compétition ni ne laisse s'instaurer l'idée de la moindre dissension avec son grand homme du moment.

Si son admiration ne la confine pas dans la passivité, c'est aussi qu'elle se sent très bien avec les adultes dès son enfance. Au fond, elle est adulte depuis toujours : la différence d'âge ne l'impressionne pas, cela la rassure même peut-être. Elle retrouve la relation de confiance et d'égalité, la complicité qu'elle avait avec son père. Là où elle est à son mieux, la plus sûre d'elle, la plus brillante, la plus désireuse de plaire, c'est avec lui justement, et c'est grâce à cela qu'elle peut aborder avec tous ses atouts des personnages qui, en général, font forte impression. Lorsque, jeune stagiaire, elle fréquente les chefs d'état-major en 1985-1986, c'est une découverte : elle se met tout de suite à apprécier les militaires ! Cette séduction ne joue pas que dans les circonstances officielles : elle se fait facilement adopter partout, elle trouve même une autre famille chez les Bush. Barbara, qui n'a pas la réputation d'être une sentimentale, l'aime peut-être parce qu'elle voit en elle une femme à son image. Comme le gendre idéal, c'est la fille qu'on voudrait avoir, indépendante mais conformiste, qui enchaîne les succès mais conserve l'esprit de famille, obéit et suit les conseils. Elle est respectueuse, charmante, fiable, belle, promise à un bel avenir.

Pour ne rien gâcher, ces relations sont exactement celles qu'il faut pour utiliser au mieux ses atouts. Elle a un don pour se faire valoir aux bons endroits. Ce peut être lors d'une rencontre en tête à tête, mais elle sait aussi saisir les occasions plus délicates de se faire remarquer des gens d'influence. Un scénario réussit à coup sûr : un dîner ou une conférence rassemble quelques spécialistes, et elle se met en avant avec les qualités qui la caractérisent — en public, elle a un avantage sur les autres, peut-être plus timides, moins en possession de leurs moyens, tandis qu'elle rayonne sur le devant de la scène. Elle maîtrise parfaitement son exposé, étaye ses vues solidement, est d'une totale assurance. Comment le charme allié à l'intelligence pourrait-il ne pas séduire — ou au moins convaincre immédiatement les chercheurs de talents qu'ils ont trouvé une perle rare ? C'est ainsi qu'en 1987 à Stanford, après un dîner où elle séduit Brent Scowcroft par sa conversation, elle poursuit sa conquête au cours d'un séminaire grâce à sa connaissance des missiles MX, et le président de la commission des Forces stratégiques la patronne désormais — jusqu'au jour où, lui-même en désaccord avec la politique du Président Bush, il est mis sur la touche, tandis que sa protégée, qui s'est adaptée, continue son brillant chemin. De même en 1998, George Shultz organise un dîner à San Francisco pour rassembler des contributions électorales en faveur du gouverneur du Texas, Bush junior. Le lendemain, il convie à son domicile pour une discussion informelle un groupe d'experts de la Fondation Hoover, et elle fait forte impression ; les contacts s'enchaînent ensuite naturellement. Entre George

Shultz et elle, il y a d'ailleurs des affinités profondes que souligne John Raisian, directeur de la Hoover Institution : il la voit comme une femme de réseau, habile à cultiver les relations qu'elle s'est faites : avec Powell, Cheney, Rumsfeld, Wolfowitz, elle n'a jamais perdu le contact au cours des années 1990. De même, George Shultz qui a quitté l'Administration en 1989 est encore une puissance auprès des gens influents dix ans plus tard, et ce dans le monde entier, pour ne pas parler de son rôle en coulisse, à la Hoover Institution justement. Ces deux personnalités se reconnaissent, elles sont de la même trempe, et John Raisian leur voit le même *star quality appeal*, le même magnétisme.

Ce mode de relation qui joue un rôle certain dans l'avancement de sa carrière — plus que la discrimination positive peut-être, et de façon plus large que l'entrée dans l'écurie républicaine — lui est tout à fait propre. Mais écartons toute ambiguïté. Ce n'est ni une aventurière du monde universitaire, ni une manipulatrice. Un grand journal indien faisant sa biographie lui attribue un don particulier, « l'art d'être protégée ». Lorsque *Newsweek* fait savoir à son cabinet que cet angle de vue est envisagé pour le portrait qui lui sera consacré, elle est désemparée : on va donc la faire passer pour une courtisane du XVIIIe siècle ? Là encore, si elle réagit à cette présentation, c'est par amour-propre et, instinctivement, parce qu'elle n'accepte pas d'être sous-estimée : pourquoi cette

Noire aurait-elle forcément bénéficié de la discrimination ? Pourquoi cette femme jouerait-elle forcément d'une certaine séduction auprès des hommes ? Dans les deux cas, c'est la diminuer, ignorer ses mérites propres. Elle a raison, mais la réalité de ce lien privilégié qu'elle sait instaurer demeure. On a dit qu'il n'avait rien de la séduction classique. C'est sa façon d'être, spontanément, et de saisir sa chance, au bon endroit au bon moment. Grâce à la confiance en elle que lui a donnée John Wesley Rice, elle est mieux à même de le faire que d'autres. Ces hommes d'influence, elle ne les exploite pas et elle ne les trompe pas ; elle leur offre aussi le potentiel qu'elle représente. De leur côté les vieux messieurs, rarement philanthropes même s'ils éprouvent des sentiments paternels ou très amicaux à son égard, voient tout le parti qu'ils peuvent en tirer, pour l'ornement de leur Université ou pour l'avancement du parti républicain, en termes de forces d'avenir et en termes d'image. On notera enfin que cette capacité à nouer des liens utiles provoque plus d'admiration ou d'interrogation que de jalousie ou de critique réelle, comme on en entend sur ses promotions trop rapides. Après tout, elle grimpe vite les échelons certes, mais au détriment de personne en particulier ; elle se hausse au-dessus des autres mais n'en profite pas pour écraser des adversaires. Et quoi qu'il en soit, elle fait bien le travail qui lui est confié.

Parmi les hommes qui lui sont proches, il faut faire une place à part à Coit « Chip » Blacker, un collègue plutôt qu'un protecteur, même si on l'a présenté comme son mentor à Stanford où il exerce déjà avant qu'elle n'arrive. Né en 1950 en Californie, il suit la même voie qu'elle avec quelques années d'avance puisqu'il a bénéficié d'une bourse dans le même centre d'études en 1977. Coit Blacker n'a ni l'âge, ni les fonctions de Condoleezza : il fait toute sa carrière à l'Université, devient directeur adjoint de l'institut pour les études internationales de Stanford en 1998 et directeur en 2003, et de plus il est démocrate. C'est lui, qui, ayant travaillé comme assistant parlementaire de Gary Hart en 1981 et 1982, l'a mise en contact avec l'équipe du sénateur du Colorado en 1984, et c'est probablement lui, qui, devenu responsable des affaires ukrainiennes, russes et eurasiennes au Conseil pour la sécurité nationale en 1995 et 1996 — fonction qu'elle a occupée en 1989 : troublant et touchant parallèle avec la carrière de sa grande amie ! — la fait nommer en 1997 dans la commission mise en place par le ministère de la Défense pour faire des recommandations sur la formation mixte intégrée dans l'armée. Leur différence d'affiliation politique semble ne jouer aucun rôle : alors qu'elle est si engagée dans la campagne de la présidentielle de 2000, il figure parmi les conseillers de politique étrangère d'Al Gore. Mais ses témoignages fréquemment sollicités par les journalistes révèlent combien c'est le grand témoin de sa vie. Il s'insurge d'ailleurs contre l'excès de curiosité pour la vie privée de Condi, et fait remarquer un jour que si c'était un homme, on ne chercherait pas à en savoir tant. Contre vents et marées, il reste l'ami de cœur et l'ami de l'ombre, celui des mauvais jours et des deuils.

La musicienne

De cette vie privée, on connaît surtout sa passion pour la musique. On a vu comment elle a su s'en détourner, sans s'en détacher. La musique ne la quitte pas, chaque jour de sa vie, même si elle a renoncé à en faire sa carrière. Elle continue à jouer lorsqu'elle a de lourdes responsabilités universitaires dans les années 1990, à la Maison Blanche, lorsqu'elle rentre le soir, c'est son piano qu'elle retrouve, et en 2002, elle a donné un concert à Washington devant deux mille personnes avec Yoyo Ma au violoncelle. Voilà sans doute un trait propre à adoucir une personnalité qui, par ailleurs, impressionne. En effet pour être sportive de haut niveau, musicienne soliste ou universitaire surdouée, elle s'est entraînée avec le même sérieux effrayant, la même dépense inflexible et méthodique d'énergie. Cela suppose de déployer des qualités admirables — endurance, volonté, effort sur soi — mais qui n'inspirent pas toutes la même sympathie. Le musicien, même s'il partage l'ambition, le sens aigu de la compétition, une façon d'être centré sur soi, a un côté plus sympathique, à travers l'émotion qu'il ressent et inspire. On a voulu retenir contre elle un constat qu'elle a eu la lucidité et la sincérité de faire lorsqu'elle s'est aperçue qu'elle n'avait pas l'étoffe d'une grande concertiste : « Techniquement, je peux tout jouer. » Virtuose, donc. Mais l'émotion musicale ? Elle sait pourtant parler des grands compositeurs russes, et pourquoi ferait-elle de la musique ? Cependant après son concert avec Yoyo Ma, une radio new-yorkaise lui demande quel est son compositeur favori. Brahms, répond-elle, ce qui n'est pas une surprise : elle vient justement de jouer l'opus 108 en ré mineur. Et elle ajoute que Brahms « est passionné sans être sentimental ». Le journaliste saisit la perche : « Est-ce que c'est aussi ainsi que l'on peut vous définir ? » Jamais prise de court, elle dit de bonne grâce : « Je me vois comme quelqu'un qui a une passion pour la vie, j'ai certainement une passion pour la musique, une passion pour mon travail, une passion pour ma famille et une passion pour ma foi. Je peux être sentimentale aussi, mais je préfère les compositeurs très carrés. » Pourquoi pas ? Le journaliste insiste : « Et jouer avec abandon, sans penser à toute cette netteté, cette organisation, cette discipline ? » « Eh bien, répond-elle, une des raisons pour lesquelles j'aime Brahms et Mozart, c'est qu'on ne peut pas se laisser aller : il faut être vraiment discipliné. » En clair, mieux vaut de l'ordre en toutes choses, y compris dans les passions. Les photos de ce fameux concert avec Yoyo Ma donnent pourtant d'elle une image plus touchante que ses propos.

Finalement, la musique vient-elle adoucir sa personnalité guerrière, ou est-ce encore, plus qu'une communion, l'occasion d'une compétition avec les autres, avec le public, avec le compositeur, auquel elle dit à une autre reprise qu'il faut « s'attaquer » ? En 1999, inscrite à un stage de musique d'une semaine dans le Montana, elle joue douze heures par jour et commente : « Ce n'est pas une détente de jouer Mozart ou Brahms, c'est un défi. » C'est bien ce qu'elle aime. Elle ne s'abandonne jamais donc — mais nous n'en savons pas plus sur les émotions qui la traversent pour préparer la performance, et si, en tête à tête avec son piano, elle doit aussi toujours lui prouver quelque chose. C'est en montrant sa force qu'elle trouve son équilibre, dans ce domaine comme dans les autres.

Ses goûts sont éclectiques : quand elle fait une heure d'exercice sur le tapis, elle écoute, paraît-il, de la musique rock. D'une autre musique, la musique du cœur, celle du Sud, on ne sait pas ce qu'elle en fait : son éducation a été délibérément classique, sans lien avec la « musique noire ». Lors de son départ de Stanford, on lui offre en cadeau un concert devant un public d'une centaine d'Afro-Américains. À cette occasion, cependant, le vice-doyen commet un impair révélateur. « Ce genre de musique pourrait faire trembler les montagnes, déclare-t-il avec enthousiasme, le gospel ferait fondre la glace », avant d'ajouter avec embarras en désignant son invitée : « Non pas qu'elle soit de glace, bien sûr. » Malaise. Et toutes ces heures qu'elle a passées à l'église ? Elles ont été essentiellement consacrées à jouer un répertoire classique ou à chanter dans une chorale. Mais, on l'a dit, pas de fidèles éperdus de ferveur, de transes, de chants qui se transforment en cri collectif à l'église presbytérienne, trop respectable pour tolérer ce genre de dérapage. Elle-même dit préférer cette église parce qu'elle a une structure hiérarchique affirmée : l'ordre qui la met à l'aise règne certainement sur l'expression musicale... Ses hymnes préférés sont des morceaux religieux pour tous les Américains, très populaires et très simples comme *His Eye is on the Sparrow*, qu'elle chante encore à la Maison Blanche et *I Need Thee Every Hour*. D'ailleurs, lorsque à Stanford elle reprend l'accompagnement, de façon un peu accidentelle, dans une église baptiste — les plus populaires et les plus débridées —, elle est déroutée, mal à l'aise : elle appelle sa mère qui a déjà prêté son concours à des baptistes pour savoir ce qu'il faut faire avec ces gens qui ne suivent pas le piano, et improvisent. « Joue toujours en do, répond la mère, ils suivront à peu près... » L'expérience ne dure que six mois, au terme desquels Condi, qui a certainement aimé ce sentiment d'enfance — jouer dans une église, même si ce n'est pas celle de papa —, retrouve le cadre rassurant, et surtout discipliné, de l'église presbytérienne de Palo Alto.

Une femme de foi

En effet, une dimension essentielle de sa personne, qu'on ne doit pas oublier, c'est justement la religion, une religion qui se confond avec la vie familiale, avec la culture de son groupe, mais est aussi profondément vécue. Cette foi si assurée dans l'enfance est peut-être un peu en sommeil, lorsque à vingt-cinq ans, quittant le cadre familial pour Stanford, elle en perd les repères quotidiens. Mais très rapidement, elle renoue avec l'église et le cercle d'études bibliques, et si, n'ayant pas eu le temps de devenir la brebis égarée, elle n'est pas *born again*, elle décrit cette prise de conscience comme un tournant essentiel dans sa vie. S'il faut chercher la part d'humanité de cette femme sans grand défaut, aux nerfs d'acier, pas trop sensible d'apparence ou qui maîtrise trop bien sa sensibilité pour qu'on la devine, c'est dans la fidélité à sa propre histoire, et à sa famille — elle remercie chaque soir Dieu de lui avoir donné de tels parents. En même temps, la sérénité que lui donne la religion explique en partie la réserve de son caractère et sa force qui peuvent passer pour de la dureté — mais qui sont presque du fatalisme, puisqu'elle se sent dans la main de Dieu —, ce qui n'est pas la même chose que de se sentir investi d'une mission par Dieu, et la sépare de beaucoup de chrétiens traditionalistes de la droite américaine.

On sent qu'à l'église elle se détend, et elle y prend souvent la parole, en Californie ou à Washington, d'une façon qui tranche avec ses interventions habituelles par le ton sinon de confidence, bien que ce soit les occasions où elle parle vraiment d'elle-même, du moins de spontanéité. Ainsi, dans une causerie à l'église presbytérienne de Palo Alto, la ville de l'Université de Stanford, sur le thème « le privilège de lutter », elle déclare : « Devoir lutter et souffrir ne donne pas le droit de s'abandonner au doute sur soi-même, à l'apitoiement et à la défaite. Si les souffrances n'existaient pas, comment savoir qu'Il est là pour les alléger ? » Dieu l'accompagne, dans la foi intacte de son enfance, il lui assure que sa confiance en elle est justifiée, mais aussi la protège contre la prétention et le pessimisme. Elle qui n'a aucune propension à l'introspection — une perte de temps à ses yeux — témoigne de ce mélange de force et d'humilité lorsqu'elle parle de sa foi aux fidèles avec lesquels elle se sent bien. À l'église presbytérienne de Washington, elle leur déclare un jour : « Je pense que les gens qui croient dans le Créateur ne peuvent pas se prendre trop au sérieux. La foi me donne une sorte d'optimisme en l'avenir. On regarde autour de soi, et on voit tant de souffrances, de misère, de choses qui se passent mal. Ce pourrait être paralysant. Mais lorsque je considère ma propre histoire, ou beaucoup d'autres que j'ai vues, je pense : "Comment se peut-il que les choses aient tourné de cette façon ?" La seule réponse est que c'est la volonté de Dieu. Et cela me rend très optimiste sur le fait que les choses sont comme elles doivent être. Donc nous devons rester proches de Dieu et suivre ses pas. » Discours étrange peut-être, pour la plupart des Européens. Dans le contexte américain, on ne peut que croire en sa sincérité ; dès lors on la comprend mieux, et on comprend aussi qu'elle est armée pour aller à la conquête du monde.

Quel repos pour la guerrière ?

À quarante-cinq ans, Condoleezza Rice est une femme arrivée. Elle est à l'aise dans la vie. Elle a réussi financièrement et professionnellement. Elle possède son appartement sur le campus de Stanford, elle déclare cinq cent cinquante mille dollars de revenus annuels quand elle est nommée conseillère pour la sécurité nationale en 2001, elle a deux cent cinquante mille dollars en stock-options de Chevron et probablement d'autres revenus financiers. Elle pourrait occuper des chaires prestigieuses, jouer à l'universitaire de luxe subventionnée par des centres de recherche peu exigeants mais fort bien pourvus ; on imagine surtout qu'ayant fait grande impression en remettant de l'ordre à Stanford, elle serait appelée rapidement à la présidence d'une grande Université. Les occasions ne manquent pas. Ce bilan illustre les qualités qu'on a mentionnées, mises au service d'une ambition. Sa force de travail toujours en alerte lui permet d'être sur tous les fronts : elle excelle dans l'enseignement, mais ne s'y laisse pas enfermer ; elle fait exactement ce qu'il faut pour maintenir sa réputation de chercheur, mais s'engage pleinement dans la gestion, et à l'extérieur de l'Université dans la politique. Capacité rare à ne négliger aucun des domaines où elle peut briller, ne pas se spécialiser et en même temps conserver la même image de la bonne fille sportive et qui réussit tout... Épuisant, une fois de plus !

Son refuge, sa source d'équilibre, c'est la vie de famille. Après quelques années d'éloignement, elle la recrée bien plus qu'on ne l'imaginerait, et cela lui donne sa force et sa stabilité. Sa vie privée lui offre toujours les satisfactions que l'on connaît : outre qu'elle joue dans un quartette, elle reste une grande sportive, et en conserve l'allure au fil des ans. Si elle a abandonné le patinage artistique, elle peut épuiser ses partenaires de tennis. Elle consomme du sport sans modération. Elle a son abonnement pour la saison de l'équipe de basket féminine des *Cardinal*, qu'elle soutient chaleureusement, sans pour autant faire d'infidélité aux *Forty-Niners*, les footballeurs de San Francisco.

Pour son anniversaire en 1998, elle s'offre un week-end entier de sports, enchaînant, sur le stade, le tournoi de basket féminin, un match de football, un match de basket masculin, puis les matchs des *Forty-Niners* à la télévision — le marathon télévisuel est un de ses péchés. De nouvelle histoire de cœur, on ne sait rien. Sa biographe mentionne comme par devoir ses chevaliers servants successifs, son « coach » à l'Université, des joueurs de football bien sûr, dont on se contentera de citer l'ancien « receveur » de l'équipe des *Forty-Niners*, Gene Washington, qui est comme elle de Birmingham, et un peu plus âgé. Ils resteront bons amis ; en 2003, alors à la direction de la Ligue nationale de football, et désormais séparé de celle qu'il a épousée entre-temps, il sert à plusieurs reprises de chevalier servant à la conseillère pour la sécurité nationale dans les dîners officiels, mais les espoirs de la presse seront sèchement démentis. Elle n'a pas d'enfants, et pour ce qu'elle veut bien en dire, cela ne lui pose pas de problème. Elle a les souvenirs de ces enfants uniques qui ont été des adultes en miniature dans un monde d'adultes, et dont les nostalgies sont ailleurs. Elle déclare un jour en souriant qu'elle aime les enfants, mais à partir de dix-huit ans ! Elle ne fond pas devant les bébés, et les *kids* auxquels elle se consacre quelque temps dans son association de Palo Alto sont sans doute plus intéressants. Comme par ailleurs, l'idée d'être mère célibataire choque son conformisme, elle reste libre.

Mais elle a retrouvé une complicité très proche avec son père. Il a pris sa retraite de l'Université de Denver en 1982. Après la mort de sa mère en 1985, elle le fait venir à Palo Alto ; ils vont ensemble aux matchs, aux activités qu'il organise pour la jeunesse, comme quand elle était petite. Chacun a sa vie, chacun est très actif, et d'ailleurs John Wesley Rice se remarie avec une principale de collège qui partage ses activités éducatives, sans que cela l'éloigne de sa fille. L'association d'aide scolaire aux jeunes défavorisés qu'elle patronne, peu après son arrivée, à Palo Alto, et qu'on cite souvent pour montrer sa fibre sociale, lui sert sans doute aussi à recréer pour son père le cadre qu'il a le plus aimé, celui de conseiller de la jeunesse. En bons termes avec sa belle-mère, elle retrouve une vie de famille, l'église et la cuisine ensemble le dimanche. La complicité entre le père et la fille est entière : elle le gronde parce qu'il mange trop riche et il est le bon papa qui attend devant la porte de son appartement quand elle rentre tard le soir — elle a alors une quarantaine d'années. Elle fait semblant de s'en fâcher, mais, comme le dit sa belle-mère, qui est parfois obligée de venir monter la garde elle aussi, elle est heureuse de se savoir si aimée. John Wesley Rice a une attaque d'arythmie en février 2000, puis est malade pendant dix mois, pendant la campagne présidentielle. On la sent promise à un brillant avenir. Lui voudrait qu'elle poursuive plutôt sa carrière universitaire. Comme à Denver lorsqu'elle a abandonné la musique trente ans plus tôt, elle prie et décide seule : elle ira en politique. Comme trente ans plus tôt, il lui donne sa bénédiction, car elle sait ce qu'elle fait et prend toujours les bonnes décisions. Le Président nouvellement élu annonce à la mi-décembre 2000 qu'elle sera conseillère pour la sécurité nationale. John Wesley Rice meurt six jours plus tard, à la veille de Noël. À l'enterrement, elle ne verse pas une larme. On ne peut douter de ses sentiments. Simplement, elle en a la maîtrise absolue. Plutôt que de lui reprocher sa froideur ou un manque d'émotion, ne faut-il pas respecter dans son comportement le refus absolu en toute occasion, y compris ce jour-là, de montrer sa vulnérabilité ? Un responsable étudiant de Stanford commente ainsi l'enchaînement des événements : « Nous avons tous pensé que Daddy Rice lui faisait un beau cadeau en allant au ciel à ce moment-là, car il était assez partagé sur le fait qu'elle devienne conseillère à la sécurité et elle aurait dû faire sans cesse des allers et retours pour le voir ; et si elle avait été à Washington au moment de sa mort, elle aurait été anéantie. » Il savait où elle était arrivée et pouvait désormais la laisser, libre de son nouveau destin.

WASHINGTON (2001...)

L'arrivée au pouvoir de Condoleeza Rice est un succès presque programmé. En congé de l'Université, elle a autant payé de sa personne sur les podiums de campagne qu'elle s'est consacrée à l'éducation en politique étrangère de G. W. Bush et à la formulation de la doctrine qui serait celle d'une Administration républicaine. Juste récompense, dira-t-on, d'une participation vigoureuse à la victoire et d'un investissement à long terme, le sien comme celui des recruteurs républicains sur sa personne. En même temps, elle détonne un peu, n'est pas aux normes dans l'entourage du Président. Elle n'est pas texane ; elle ne fait partie ni de la droite ultra-religieuse, ni du lobby militaro-industriel et plus spécifiquement pétrolier, ni des idéologues « faucons » en politique extérieure. Mais elle bénéficie à plein du lien personnel étroit qu'elle entretient avec le clan Bush et désormais avec le Président lui-même.

Colin Powell, nommé Secrétaire d'État en 2001, n'appartient pas non plus à ces mêmes cercles, il est vrai ; elle partage avec lui — outre qu'ils sont Noirs, et nous reviendrons sur ce que cela entraîne de soupçon — la participation à l'équipe politique du père George Herbert Walker Bush, quarante et unième Président des États-Unis — « 41 », dit-on familièrement pour le distinguer de « 43 », son fils George Walker Bush. Or en politique étrangère, jusqu'au 11 Septembre, le nouveau Président Bush se repose sur cette équipe, qui comprenait aussi entre autres Cheney et Rumsfeld. Comme son père, il privilégie la loyauté, et c'est une équipe loyale. Mais ce que très peu d'entre eux partagent, et à coup sûr pas Powell, c'est un lien personnel très particulier avec le Président.

9.
CONDI ET LE PRÉSIDENT

En famille chez les Bush

Bien avant que George W. Bush ne se fasse un nom en politique, Condoleezza est accueillie dans la famille à l'occasion de son passage à la Maison Blanche à la fin des années 1980. Jamais un membre de l'Administration de deuxième rang ne pénètre dans l'intimité du couple présidentiel ; elle le fait. Très vite, George Bush père est séduit par cette jeune femme et la traite comme un membre de son premier cercle ; elle ne déplaît pas à Barbara Bush, de toute façon résignée au tourbillon social que crée son mari. Elle est invitée dans la maison de Houston, où elle fait partie du *book group* des quelques anciens collaborateurs qui rédigent les souvenirs de l'ex-Président, et plus tard dans la demeure familiale de Kennebunkport dans le Maine.

Il est difficile de dire comment la séduction a opéré ; le Président Bush père ne tarit pas d'éloges sur ses grandes qualités, mais s'en tient au registre politique et intellectuel, ce qui ne rend pas compte de l'affection paternelle qu'il semble éprouver pour elle. Il est vrai que des affinités ressenties au premier contact et affirmées au quotidien facilitent son entrée, très naturelle, dans le cercle présidentiel : elle est presbytérienne, ce n'est pas rien ; elle manifeste une loyauté immédiate et farouche au clan, c'est essentiel ; elle partage avec lui une passion du sport et de la compétition.

Chez les Bush, elle ne rencontre pas souvent le fils aîné, même si elle le connaît. Elle lui rend visite dès 1995 à Austin, capitale du Texas dont il vient d'être élu gouverneur, à l'instigation du père. Celui-ci ne l'a pas laissée en héritage ; il l'a clairement choisie pour éduquer son fils et il les cornaque à plusieurs reprises. C'est un bon choix, le courant passe. Condi s'impose aux premiers rangs de l'équipe de George W. Bush selon un processus — on ne parlera pas de stratégie — assez rodé. Après la présentation au fils avec une solide recommandation paternelle, elle s'impose au cours d'une rencontre sur les terres du gouverneur, au Texas, organisée par l'entremise de George Shultz, un orfèvre. Il a déjà œuvré à la composition de l'équipe Reagan en 1979. Bien que n'occupant plus de fonction politique en vue, il fait partie de ces chasseurs de talents qui recrutent pour George W. Bush. Il lui présente notamment des chercheurs de la Hoover Institution, et au cours de cette « audition », Condoleezza se distingue et l'emporte. Pour le dernier acte, une rencontre est arrangée au cours d'un week-end en famille dans la maison de Kennebunkport. Condi s'en souvient comme d'une expédition en mer où, seule avec les deux Présidents, l'ancien et le futur, elle se livre à son exercice de prédilection : elle leur tient une conférence sur des sujets très sérieux, en l'occurrence les missiles nucléaires, pendant que le père et le fils pêchent. C'est la maîtresse qui continue la leçon même pendant les récréations. Les deux Présidents se prennent au jeu et posent des questions — le jeune surtout, qui en sort définitivement convaincu que c'est le *coach* qu'il lui faut, ce « quelqu'un qui m'explique la politique étrangère d'une façon que je peux comprendre », dit-il. Merveilles de la pédagogie. La journaliste Ann Reilly Dowd, auteur de plusieurs portraits de Condoleezza Rice, donne une version plus circonstanciée du week-end : ensemble, Condoleezza et George Bush junior parlent de politique, mais aussi de sport et de leur foi chrétienne ; ils font du jogging, jouent au tennis et s'entraînent en salle. L'aspirant Président est séduit. Le sport, voilà la botte secrète de sa nouvelle collaboratrice. Lors de la rencontre à Austin, elle l'avait déjà enchanté quand il lui avait fait visiter sa collection de trophées sportifs — il a possédé une équipe de base-ball — et qu'à la différence de plus d'un politicien, elle a été incollable — elle lui a même raconté des anecdotes inédites ! Et voilà que ses performances sont tout aussi impressionnantes : à l'époque, elle peut soulever des poids de cent quarante-cinq livres quarante-cinq fois de suite... en parlant de la Chine ! L'esprit sportif, partagé par l'ensemble du clan, tourne à l'obsession chez ces deux-là, y compris dans l'extrême discipline personnelle qu'ils s'imposent à l'entraînement.

Dans l'équipe de campagne du candidat républicain, Condoleezza Rice, qui a allégé ses autres obligations, fait partie du groupe des « Vulcains » qui élabore une politique étrangère en rupture avec celle de Clinton. Dans un esprit toujours sportif, elle s'y voit au poste de *quarterback* — le véritable stratège dans une équipe de football américain. Elle s'occupe surtout de la politique nucléaire, mais rédige aussi l'article exposant la doctrine globale qui guiderait la nouvelle Administration. Pourtant, elle ne se cantonne pas dans le rôle de conseillère et sort de l'ombre : elle se laisse entraîner dans la campagne présidentielle et fait le tour du pays tantôt pour parler de politique étrangère, le plus souvent avec les femmes républicaines de *W Stands for Women*. Cette opération assez politicienne lui procure en tout cas un contact direct avec le terrain dont elle n'a pas l'habitude puisqu'elle ne s'est jamais présentée à une élection, mais qui ne la désarçonne pas, d'autant qu'elle, qui adore la scène, se produit devant un public conquis.

Une fidèle compagne

Le lapsus lui a échappé à un dîner en présence de journalistes : « mon mari le Président... ». Cela devait arriver. Ils sont tout le temps ensemble, même le week-end ; ce qu'il pense, elle le dit ; et elle l'adore. Néanmoins, il convient de rester prudent sur ce point. Il est son mari au sens où elle est sa *work wife*, l'« épouse de travail », une collaboratrice fidèle et permanente, avec qui un monsieur très occupé passe plus de temps qu'avec sa propre femme. Ce phénomène assez courant aux États-Unis n'entraîne pas de sous-entendu particulier ; d'ailleurs ils sont aussi compagnons de prière. Dans la mesure où le travail est toute sa vie, et en tout cas occupe tout son temps, le terme de *work husband* pouvait bien lui flotter dans l'esprit, s'il ne devait pas lui venir aux lèvres. Et pour ne prendre qu'un exemple particulièrement autorisé, Jennifer Fitzgerald, l'assistante personnelle de « 41 », de 1974 à 1988, est connue comme l'« autre femme » dans sa vie ; quand il devient Président en 1989, elle devient chef adjointe du protocole, jusqu'à son départ en 1992.

George Walker et Condi ont des points communs : outre le sport, dont nous avons déjà parlé — et le Président est heureux d'avoir quelqu'un qui est capable de passer des heures avec lui devant des matchs à la télévision — et les certitudes absolues qu'ils ont sur eux-mêmes et sur le monde, rappelons l'imprégnation religieuse de toutes les activités de la Maison Blanche, où tout le monde prie sérieusement, mais qui compte plus sans doute pour trois personnes — George Bush, le *born again Christian*, Condoleezza Rice et John Ashcroft, le ministre de la Justice. Lors du week-end qui suit le 11 Septembre, au cours duquel Bush et ses conseillers réunis à Camp David se décident à la « croisade », Condoleezza chante pour eux l'hymne *His Eye is on the Sparrow*, accompagnée par Ashcroft au piano. On a dit aussi qu'ils se sentent tous deux des outsiders — est-ce bien sûr ? — dans le monde de Washington, celui des politiciens de l'Est, lui le Texan pas du tout intellectuel et elle, désormais californienne, qui n'a pas le temps pour les mondanités. Ils ont aussi en commun leur charisme : si elle a progressé en gagnant l'appui d'hommes bien placés, il n'a pas son pareil pour susciter l'adoration — en tout bien tout honneur — des femmes à poigne, qui succombent devant lui...

Et puis, leur relation a ceci d'unique qu'elle dépasse de beaucoup le simple cadre de travail et se prolonge dans la vie privée. De son côté, elle est très disponible. Pour elle, qui a tellement l'esprit de famille, quitter Stanford et s'installer à Washington a dû être plus déstabilisant que quitter le foyer familial de Denver vingt ans plus tôt ; heureusement il y a le travail. Elle n'a plus son père, même si elle conserve certainement de bonnes relations avec sa belle-mère, Clara Bailey Rice, dont elle a partagé la vie de famille pendant une dizaine d'années dans une intimité qui semble réelle ; lorsque, dans les derniers temps, son père est trop malade, c'est son beau-frère Gregory Bailey qui conduit la prière à sa place. Elle reste cependant d'une extrême discrétion sur cette famille d'adoption, et de toute façon, Palo Alto est loin. De sa famille de Birmingham, la plus proche est sa tante Genoa Ray McPhatter, la sœur de sa mère, « Aunt G » comme elle l'appelle, qui est à ses côtés dans diverses occasions officielles comme sa prestation de serment. Ses amis et sa famille sont dans le Sud ou en Californie, et elle s'y rend, mais elle est très occupée. À Washington, sa famille, c'est donc George et Laura Bush ; cela se comprend : ils partagent beaucoup de choses, moins à Washington d'ailleurs, où le temps manque — le Président se couche tôt, ne sort pas et la Secrétaire d'État n'est pas intégrée à la société de la capitale —, qu'à Camp David, où elle a son propre pied-à-terre et au ranch de Crawford.

George Bush aime à donner des surnoms, pas toujours aimables, à tous ceux qui l'entourent. Son machiavélique conseiller Karl Rove est *Boy Genius*, le vice-Président Dick Cheney *Big Time* et sa mère, Barbara, *Number One*. Condoleezza, elle, est gratifiée du surnom gentiment moqueur, assez lucide et finalement respectueux de *Guru*. Peu de personnes ont une telle familiarité avec le Président. Elle passe fréquemment six à sept heures avec lui dans la journée. À part Dick Cheney, qui le voit quand il veut, et Karen Hughes, dont nous reparlerons, un seul autre personnage voit le Président de façon régulière pour des tête-à-tête assez brefs, c'est, pendant toute une période, George Tenet, le directeur de la CIA ; de plus il est réputé habile à séduire les puissants et c'est un fanatique de sports. Mais on ne l'invite pas pour les week-ends en famille !

Du Président, elle n'a que du bien à dire. Les éloges sont tellement appuyés par comparaison avec la réputation peu flatteuse dont il jouit dans les domaines où elle brille que cela fait parfois sourire. Au journaliste incrédule auquel elle essaye de décrire la lente émergence de la pensée présidentielle au milieu des activités quotidiennes, elle finit par expliquer qu'on ne peut pas le comprendre si on n'en est pas le témoin direct, à Camp David, au ranch, ou dans le bureau ovale — sans ajouter que nul n'est mieux placé qu'elle pour ce faire. On dit qu'ils n'ont pas besoin de parler, qu'elle regarde son visage et prononce les mots qui sont les siens avant qu'il ait eu le temps d'ouvrir la bouche. En son absence, notamment dans les émissions de radio du dimanche, n'est-elle pas la « voix de son maître » ?

Mon élève, mon chef, mon copain, mon frère, mon mari, mon alter ego... On ne sait jusqu'où Condoleezza Rice laisse errer son esprit — elle n'a pas le temps de rêvasser de toute façon, elle est dans l'action. Ce qui étonne et au fond séduit, c'est la façon simple, publique, spontanée, dont elle vit ce rapport unique avec le Président. L'influence-t-elle, l'influence-t-il ? Tous soulignent que le Président est un homme d'instinct — elle-même s'en émerveille — et qu'elle a pour talent de mettre ses intuitions en paroles. Selon Colin Powell, « 43 », à la différence de son père, est guidé plus par « un puissant système de navigation par inertie » que par l'intellect. Il sait « ce qu'il veut faire et comment faire pour que ce soit fait ». De ce système de navigation, Condoleezza s'improvise copilote lecteur de carte — à moins qu'elle ne soit la boussole ? À vrai dire, tout l'équipage partage la croyance que la boussole, c'est Dieu lui-même. Mais à la réflexion, c'est peut-être bien quand même George Walker Bush. Sur le plan politique, nous y reviendrons. Mais on ne peut en rester là et se contenter d'évoquer d'autres couples politiques qui ont vécu en symbiose comme le Président Nixon et son Secrétaire d'État Kissinger. Sur le plan personnel, la force de cette relation prend tout son sens quand on connaît le rapport de Bush avec son entourage féminin. C'est que Condoleezza n'est pas la seule.

Les amazones du Texas

La presse étrangère, plus que la presse américaine, aime gloser sur cette relation très spéciale avec la conseillère, parce qu'elle est la plus en vue. En réalité, Condi a de sérieuses concurrentes. Ne parlons pas de la *First Lady*, Laura, qui ne joue pas dans la même cour, assume son rôle de *perfect wife*, pour reprendre le titre de sa biographie, mais s'est retranchée dans son propre monde. Parlons plutôt des « épouses de travail ». On se moque quelquefois du « harem » du Président. La comparaison est malvenue pour quelqu'un dont l'image de marque vertueuse fabriquée par Karl Rove pour l'opposer à Clinton est celle d'un père la morale et d'un mari fidèle. Elle est aussi inexacte. Son harem ? Non, plutôt sa garde rapprochée d'amazones. Cet homme veut sûrement être aimé, et la nature tourmentée de sa relation avec sa mère, Barbara Bush, est du domaine public. Mais il veut surtout être admiré et c'est ce qu'il attend des femmes de son entourage — les Karen Hughes et Harriet Miers qui ne peuvent en aucun cas être confondues avec les stagiaires de Bill Clinton ; Condoleezza a un alibi beaucoup plus faible, car dans son cas les apparences physiques sont plus trompeuses. Mais ce que veut ce gamin assoiffé d'attention, ce sont des mères de substitution. Laura doit le savoir et comprendre ainsi la situation. Lui, dit en toute innocence de Condoleezza qu'elle est *motherhenning*, elle fait la mère poule avec lui, et il aime ça. Dans un ouvrage dévastateur, intitulé *Bush sur le divan*[1], le psychanalyste Justin Frank diagnostique que Bush est surtout dépendant de Cheney — dans une relation complexe de la marionnette qui choisit ses marionnettistes, précise-t-il — mais que si ce dernier venait à disparaître ou à faire défaut, alors « s'occuperaient de lui les trois femmes de sa vie, Karen Hughes, Laura Bush et Condi Rice, et elles le feraient très bien ».

Les grandes rivales donc, ce sont des femmes d'avant, les femmes du Texas. La plus sérieuse, de loin, est Karen Hughes. Journaliste de télévision à Dallas et directrice de communication de la campagne de 1994, c'est elle qui a fait son personnage, écrivant ses discours, décidant de son emploi du temps. Avec Karl Rove déjà, elle le fait élire gouverneur, sans reculer devant des méthodes implacables à l'encontre de la gouverneure sortante. Elle est de nouveau directrice de communication de sa campagne à partir de 1998. Conscient de ce qu'elle lui apporte, le candidat lui a alors dit : « Sans toi, je n'y vais pas »... Si Condi a participé à la rédaction des mémoires de Bush père, Karen Hughes écrit ceux du fils, *A Charge to Keep* — une mission à accomplir —, titre d'un hymne méthodiste bien connu. Quand il arrive à la Maison Blanche,

---

1. Justin A. Frank, *Bush on the Couch, Inside the Mind of the President*, Regan Books, 2004.

on considère que cet alter ego de Karl Rove est la femme la plus puissante du pays et la plus proche de George Bush, qui crée spécialement pour elle le poste de conseillère du Président. Elle est de toutes les réunions, et les directeurs de la communication de tous les ministères lui font rapport.

S'il y a une femme de fer dans l'entourage, c'est elle, plus que Condoleezza ; elle est beaucoup moins intellectuelle, beaucoup plus dure et agressive. La presse n'est vraiment pas tendre à son égard : on la surnomme entre autres *The Enforcer*, la commandante en chef — surnom que ses fils donnaient aussi à Barbara Bush. La traitant avec le même respect amusé que sa « Gourou », Bush la surnomme *The High Prophet*, en jouant sur son nom de jeune fille, Parfitt. Effectivement, elle le précède en chantant sa gloire. Il est perdu sans elle, et après le 11 Septembre, c'est elle qui annonce au pays que tout est sous contrôle. David Frum dans *The Right Man* écrit en 2003 : « Quand il a été candidat au poste de gouverneur, il a recruté Hughes. Une femme très semblable à sa mère, mais qui lui offrait l'admiration sans réserve que sa mère ne lui avait jamais offerte. Sa femme était l'antidote de sa mère. Son assistante était le substitut de sa mère. » Forte concurrence, donc !

Et s'il y a une femme dont Laura Bush devrait être jalouse, c'est aussi elle. À côté de ce couple, celui qu'il forme avec Condi est d'abord une amourette, la politique extérieure comptant moins que le Texas, jusqu'au 11 Septembre. Ce n'est qu'ensuite que la politique extérieure prend le pas, et Condoleezza avec elle. Hughes décide de quitter la Maison Blanche dès avril 2002. C'est son point faible, si l'on ose dire : moins disponible peut-être, elle est mariée, et elle démissionne pour retourner au Texas afin que son fils qui entre au lycée ait des racines là-bas, explique-t-elle. Elle fait son retour dans l'Administration pendant le deuxième mandat, comme sous-Secrétaire d'État avec rang d'ambassadeur chargée d'améliorer l'image des États-Unis à l'extérieur. Pendant trois ans elle a laissé le terrain libre — officiellement, car en réalité elle passait trois jours par semaine à Washington, et a conservé une adresse électronique qui est tout un symbole [1]. D'elle, on disait qu'elle pouvait finir les phrases du Président à sa place. Condi fait mieux, elle les dit entièrement pour lui.

L'autre concurrente joue dans un registre plus privé. On la connaît surtout parce que George Bush a échoué à la nommer à la Cour suprême, en récompense des services rendus, et il lui doit beaucoup. Comme Karen Hughes l'a pris par la main pour en faire un personnage public, Harriet Miers l'a guidé pas à pas dans ses affaires personnelles. Forte femme s'il en est, elle a eu une enfance très difficile, et s'est hissée à la tête d'un très grand cabinet d'avocats de

---

1. *karen@georgebush.com*.

Dallas — elle aussi est de ces femmes qui sont régulièrement les premières à occuper telle et telle fonction importante. Elle est l'avocate personnelle de George Bush depuis 1990, d'où un haut degré d'intimité ; elle n'a pas quitté le Texas jusqu'en 2001. Elle devient ensuite conseillère juridique à la Maison Blanche. Elle aussi est disponible puisqu'elle n'est pas mariée — son monde, c'est le barreau, et son chevalier servant Nathan Hecht, le juge suprême du Texas. C'est une grande amie de Condoleezza, dont elle est l'aînée d'une dizaine d'années.

Reste enfin l'injustement méconnue Margaret Spellings. Ministre de l'Éducation depuis 2005, elle offre le précieux avantage d'avoir encore des enfants d'âge scolaire. Si sa posture de *soccer mom*, la mère de famille américaine dont la journée est rythmée par les transports à l'école et aux matchs, lui donne un rôle différent, elle fait pourtant bien partie du corps des amazones texanes. Amie très proche de Karl Rove et spécialiste de l'éducation, elle avait déjà, au Texas, gagné le surnom de « princesse des ténèbres » auprès des syndicats d'enseignants. Elle se met au service de George Walker Bush pendant la campagne de 1994. Rapidement promue dans le cercle des loyalistes absolus, lors du premier mandat présidentiel, elle devient conseillère du Président pour les affaires intérieures, c'est-à-dire l'éducation, mais aussi l'immigration, la santé, le travail, le logement, la justice... Comme le dit un jour Laura Bush pour souligner le rôle des femmes chez les Républicains : mon mari dépend des conseils de deux femmes, l'une pour les affaires intérieures, et l'autre — c'est Condoleezza Rice — pour les affaires extérieures. Toutes deux sont récompensées de la même manière lors du second mandat, en passant du rang de conseillère à celui de ministre. Dans son discours d'intronisation, Margaret Spellings dit que sa joie d'être promue est un peu ternie par le fait de quitter la maison familiale — la Maison Blanche — pour ses propres locaux ; un jour, plaisante-t-elle, il faut prendre son indépendance et avoir son propre appartement. Margaret Spellings est plus texane encore que les autres, si c'est possible. Mais cette femme divorcée puis remariée, en charge d'enfants, et peu religieuse, n'a pas le même rapport personnel avec le Président, même si elle jouit tout autant de sa confiance.

La relation est donc inégale entre ce Président très entouré qui cherche des mères poules et celle qui pense « mon mari le Président ». Mais Condi a su, dès la fin des années 1990, franchir un premier obstacle important : gagner la confiance du candidat alors qu'elle n'est pas du sérail texan. Elle a sans doute une supériorité sur les autres, outre sa disponibilité et sa présence de tous les instants — chaque jour elle est la première et dernière personne qu'il voit pendant tout le premier mandat —, c'est qu'elle est son *buddy*, son bon copain, pour regarder les matchs à la télé, et on leur attribue le même humour. Les autres sont peut-être maternelles, ou au moins protectrices, mais sont-elles aussi amusantes ? Il est sûr qu'elle doit être, pour lui, immensément reposante, au bureau comme au ranch. Il ne peut pas travailler seul par écrit, elle lui mâche le travail en questions-réponses. Quand c'est possible, elle lui fait cours au grand air, ou sur le tapis roulant, cela passe mieux. Elle sait tout, mais elle sait aussi que rien ne vaut le football. Comme le dit le Président : « *She's fun to be with* » (avec elle on passe de bons moments).

10.

LA FEMME POLITIQUE

Du réalisme au moralisme

Écrire sur la politique américaine de ces dernières années ferait un autre livre. De bons observateurs l'analysent fort bien, dans une France où la nuance n'est pas vraiment de mise à l'endroit de l'Administration Bush. Sans revenir sur la guerre d'Afghanistan puis la guerre d'Irak, conduites au nom d'une doctrine sans nuance non plus et que l'on qualifie, pour faire simple, de néoconservatrice, il nous faut cependant situer la position de Condoleezza Rice dans cette équipée qui a déclenché l'hostilité contre les responsables américains dans un monde où elle est désormais leur porte-parole.

Que veulent les néoconservateurs, ou les moralistes ? Francis Fukuyama, renégat de fraîche date, énonce, dans *America at the Crossroads : Democracy, Power and neoconservative legacy,* les principes de façon plus claire qu'ils ne sont pensés par les acteurs politiques eux-mêmes : si pour les réalistes, on ne traite pas différemment avec un pays selon que son régime est libéral ou autoritaire, pour les néoconservateurs, la nature de ce régime importe — ce qui conduisit Reagan à parler le premier de l'Empire du Mal. De surcroît, pour eux, les États-Unis peuvent utiliser leur force non pour la seule défense de l'intérêt national — objectif quasi unique des réalistes —, mais en fonction d'objectifs moraux : libérer le monde des États voyous et instaurer la démocratie. La mission que s'assigna le gouvernement américain après le 11 Septembre entre dans ce cadre. Cependant les néoconservateurs n'y incluent pas de projets de réforme sociale, envers lesquels ils sont très sceptiques, comme ils le sont sur l'efficacité des institutions et de la loi internationales, auxquelles les réalistes sont amenés à donner un minimum de crédit. Dans les faits, cela se traduit par l'unilatéralisme et l'action préventive contre l'ennemi mondial de la démocratie selon les États-Unis qu'est le terrorisme islamiste. C'est bien la politique proclamée au moins pendant le premier mandat par l'Administration Bush.

Dans quelle mesure peut-on y reconnaître les idées de Condoleezza Rice ? Nous avons vu à quel point elle était assurée dans ses convictions, bonne élève, toujours fidèle aux enseignements qu'elle a reçus de Joseph Korbel et de Brent Scowcroft, et à la politique qu'elle a vu mener par le Président Bush, de 1989 à 1991. Dans ce domaine, sa loyauté et le manque d'imagination qui en est le revers se combinent dans un classicisme qui assez largement partagé par les élites tant démocrates que républicaines — il a fallu les néoconservateurs actuels, plus que Reagan, pour remettre en cause un quasi-consensus national. C'est d'ailleurs dans la continuité de ce réalisme qu'elle « éduque », ou du moins qu'elle initie au monde extérieur son élève George Walker Bush pendant sa période de formation, et qu'elle met sur le papier la position officielle des Républicains en politique étrangère dans un article de *Foreign Affairs* de janvier-février 2000, « Promoting the National Interest ». C'est la campagne électorale, et il s'agit de porter vivement l'attaque contre la politique de Clinton, accusé de ne pas savoir distinguer les priorités : elle critique plus les interventions dans des pays secondaires que le principe de l'intervention lui-même. Ce qui l'agace, c'est d'aller se mêler de la paix en Irlande du Nord, à Haïti ou au Kosovo, mais trop s'impliquer au Moyen-Orient est aussi une perte de temps, semble-t-il. Les Républicains auront pour tâche de renforcer l'armée, laissée a l'abandon ; de faire progresser la liberté du commerce pour favoriser la croissance et la stabilité ; de partager le fardeau avec les alliés, européens et japonais ; de recentrer les efforts des États-Unis sur les relations avec les grandes puissances que sont la Chine et la Russie ; d'agir de façon décisive contre les Corée du Nord et les Irak de ce monde. Enfin, l'objectif est de faire de la politique étrangère un outil de l'intérêt national plutôt que d'intérêts humanitaires. Condoleezza Rice dit même sans détour, à l'intention d'une opinion américaine fatiguée, qu'on ne peut pas appeler la Maison Blanche comme on appelle les pompiers. C'est de l'anti-wilsonisme, du réalisme, c'est avant le 11 septembre 2001.

Au lendemain de l'onde de choc provoquée par les attentats, l'équipe des conseillers du Président Bush se réunit lors d'un week-end mémorable à Camp David et en sort avec de nouvelles certitudes, une « sérénité » nouvelle, dit même la conseillère pour la sécurité nationale. Elle confie avoir retrouvé le sommeil, une fois le cap tracé. Le credo qu'elle exprime a bien changé : la lutte entre grandes puissances pour leur intérêt national lui apparaît dépassée dans la mesure où elles ont toutes le même intérêt face à un nouvel ennemi. Cet intérêt se confondant au mieux avec celui des États-Unis, il revient à ceux-ci de travailler à un ordre mondial qui y soit conforme. C'est pourquoi la stratégie de sécurité nationale qu'elle définit en septembre 2002 tranche avec son article programmatique de 2000. Elle y affirme que « désormais, nos principes, et non nos intérêts, guideront les décisions du gouvernement ». Elle annonce clairement qu'un seul modèle est bon pour toutes les sociétés, celui de la démocratie américaine, que les États-Unis sont à même de décourager tous les adversaires potentiels, et n'hésiteront pas à agir pour cela, y compris militairement, et de façon préventive. Comme l'observe Nicholas Lemann, tout concourt, dans cette doctrine, à préparer une guerre en Irak, alors que dans son article de *Foreign Affairs* de 2000, elle considérait que le départ, souhaité, de Saddam Hussein, devait être obtenu par l'opposition intérieure irakienne avec, tout au plus, une aide américaine. Malgré quelques évolutions, et même dans la perspective tacite d'un retrait d'Irak sous la pression des événements, la doctrine est toujours en vigueur aujourd'hui. Condoleezza Rice, désormais Secrétaire d'État, n'est plus chargée de l'exprimer sous forme de programme ; c'est le conseiller pour la sécurité nationale qui lui a succédé, Stephen Hadley, qui a dévoilé en mars 2006 le document qui succède à celui de septembre 2002 : la nécessité de l'action préventive y est confirmée, et les « systèmes despotiques » dénoncés, la diffusion de la démocratie dans le monde reste l'axe principal, affiché, de la politique étrangère des États-Unis. La seule nuance est que l'on attend plus de collaboration des alliés traditionnels.

La raison du changement n'est que trop connue. Le 11 Septembre a choqué toute l'équipe dirigeante, le plus choqué étant sans doute le Président Bush lui-même, ce qui a conduit à reformuler la politique étrangère des États-Unis. Mais Condoleezza Rice est-elle pour autant passée dans le camp des néoconservateurs ? Poser la question en ces termes revient à simplifier à l'extrême le paysage politique américain. On peut en effet soutenir que les néoconservateurs au sens propre forment un groupe plus restreint que ceux que l'on désigne ainsi par facilité — ce sont, sans compter les intellectuels, Paul Wolfowitz, Douglas Feith, Lewis Scooter Libby, Elliott Abrams, Richard Perle — mais que Cheney et Rumsfeld sont des conservateurs plus agressifs que la moyenne, très opposés à Clinton qu'ils ont accusé de mener une politique de mollesse pour, avant tout, préserver la stabilité. Dans cette configuration, c'est le 11 Septembre, et lui seul, qui a conduit à une modification radicale de la politique étrangère, et non le fait que les néoconservateurs — qui ne sont pas plus puissants après cette date qu'avant — auraient mis la main sur le pouvoir. Restons-en cependant aux étiquettes commodes pour désigner des groupes dont les oppositions, même de nature plus politique et personnelle qu'idéologique, sont bien réelles. Il existe une antipathie naturelle entre Condoleezza Rice et les néoconservateurs. Ils n'ont jamais aimé cette nouvelle venue dans l'aile droite du camp républicain. Elle ne peut se recommander d'alliés acceptables comme le lobby pétrolier et la droite religieuse. En outre, elle a un grand défaut à leurs yeux : après un comportement douteux dans les années 1980, elle est assimilée à la tendance qui l'a emporté dans l'équipe du premier Président Bush, celle qui croyait en Gorbatchev, alors que Rumsfeld et Cheney, à l'époque, pariaient sur Eltsine. Pour eux, elle ne vaut pas beaucoup mieux qu'un Colin Powell et ces Républicains tièdes qui sacrifient, comme tout l'establishment de la côte est, à l'esprit bipartisan, consensuel et fort peu idéologique au fond en politique étrangère.

De son côté, elle a pourtant déjà évolué. De son passage à la Maison Blanche en 1989-1991, elle est revenue conservatrice en politique intérieure, comme on en a fait l'expérience à Stanford. Au fil de la décennie, elle n'a pu que durcir ses positions, ayant élu domicile dans le nid de faucons qu'est la Hoover Institution, et ses critiques parfois fort peu amènes envers la politique de Clinton, qui l'agace littéralement, en témoignent. À cette époque d'ailleurs, cette femme de réseaux rompt le contact avec son ami Strobe Talbott, qui est l'un des artisans de cette politique. Mais elle ne partage pas le moralisme crispé et belliqueux — y compris dans d'autres domaines que la politique extérieure — de la droite du parti, avec laquelle une lutte d'influence est engagée autour du Président Bush. Néanmoins, certaines des convictions de Condoleezza Rice facilitent son rapprochement avec les moralistes. D'abord sa foi absolue dans « les États-Unis avant tout », qu'ils soient investis d'une mission mondiale ou qu'ils veillent à leur seul intérêt national, la conduit, sans ignorer les autres puissances, à ne leur accorder aucune confiance : si, dans l'urgence, il faut se passer d'elles, tant pis, et si l'Europe préfère l'impuissance, rien d'étonnant une fois de plus. L'unilatéralisme, qu'elle ne souhaite pas par principe, ne lui fait pas peur. Ensuite, toute *Realpolitik* au sens traditionnel est au fond immorale ; pour qui est convaincu que son action est guidée par Dieu, la contradiction apparaît dans bien des circonstances. Que l'intérêt national, la lutte pour la démocratie dans le monde et la volonté divine coïncident est plus cohérent et plus acceptable moralement, même si une trop grande certitude religieuse expose au fanatisme, c'est-à-dire à accepter que la fin justifie des moyens que l'on croirait réservés aux cyniques plutôt qu'aux idéalistes en politique : on connaît l'histoire, les prisonniers irakiens aussi.

Reste qu'elle se plie à coup sûr à un rapport de forces, devant la poussée brutale de l'équipe Cheney-Rumsfeld auxquels les événements permettent d'imposer les vues qui sont celles des néoconservateurs. Elle évolue aussi parce que le Président l'influence directement, qu'elle est tout acquise à la pensée « intuitive » du chef qui, après le 11 Septembre, se croit investi d'une mission. Mais sait-on vraiment ce qu'il pensait auparavant ? La politique extérieure ne l'a jamais intéressé, il n'a guère cherché à se forger de véritable opinion personnelle, avant de se former, par nécessité, pour la campagne présidentielle de 2000. Peut-être le

11 Septembre révèle-t-il ce qu'il a toujours été spontanément, par moralisme religieux, sans l'exprimer formellement : en participant à la campagne électorale de son père en 1992, il a bien pu s'apercevoir que Cheney et Rumsfeld avaient raison contre ceux qui faisaient confiance à Gorbatchev comme son père, Scowcroft et Condoleezza Rice. Aussi, l'équipe aguerrie sous le mandat paternel qui, tout naturellement, l'a accompagné à son arrivée à la Maison Blanche, s'est défaite. Colin Powell, trop multilatéraliste, sceptique, resté un homme de l'avant-11 Septembre, est parti ; Brent Scowcroft s'est écarté en marquant publiquement ses dissensions et a été privé de toute fonction ; Bush père aurait manifesté ses inquiétudes de façon officieuse et n'est plus consulté. Seule reste Condoleezza.

Sa promotion au rang de Secrétaire d'État en 2005 pour le deuxième mandat écarte toute idée de différend politique. Nous avons dit en quoi ses convictions profondes, un glissement vers la droite de plus en plus perceptible à mesure que sa carrière personnelle s'est confondue avec un engagement politique, la prépareraient à s'accommoder du nouveau cours. Mais il s'agit moins d'une évolution que d'une conversion, dont le 11 Septembre est responsable. On s'étonne pourtant : sa formation intellectuelle et son passé politique ne la préparent pas à la vision simpliste — mais grandiose, bien sûr — qui est celle du Président : la réorganisation du monde pour y apporter la paix. Elle n'est ni innocente ni naïve. En tant qu'Européens, nous oublions trop facilement l'autre composante non moins essentielle de sa personnalité, la foi toujours présente, et le refuge dans le religieux chaque fois qu'elle traverse une crise, même personnelle. Ce réflexe n'a pu que s'exacerber avec le 11 Septembre, et la préparer à entendre l'évangéliste moderne qu'est devenu son Président. Avant de prendre une décision importante, Condoleezza Rice relit toujours saint Paul, Épître aux Romains, V — même pour son édification personnelle, elle va à l'essentiel. Peut-être, ce 15 septembre 2001 à Camp David, en a-t-elle médité les versets 18 et 19 :

« *Donc, comme la faute d'un seul aboutit à la condamnation pour tous les hommes, la justice d'un seul aboutit à la justification à vie pour tous les hommes ;*

» *Et comme la désobéissance d'un seul homme a constitué beaucoup de pécheurs, l'obéissance d'un seul constituera beaucoup de justes.* »

Au moment du danger, quand l'équipe se ressoude autour du chef, l'équipière modèle, la femme qui a pour lui une admiration éperdue, le suit sans envisager un instant la critique ; son mariage politique est pour le pire comme pour le meilleur. Et puis le terrorisme de septembre 2001 n'a-t-il pas réveillé en elle l'écho d'un autre terrorisme, celui de septembre 1963 dans une église de Birmingham ? La comparaison lui vient d'ailleurs, dans un moment de désarroi. Alors, même cet esprit « au laser » trouve réconfort dans la vision plus messianique que stratégique de Bush fils.

De toute façon, toute solution est préférable au désordre, au chaos. Son conformisme a besoin de repères clairs et maîtrisés. Lorsque les États-Unis avaient en l'URSS un vieil ennemi bien connu sur qui compter, si l'on peut dire, elle était en terrain sûr, avait les références nécessaires pour décider dans un cadre rationnel, qui est encore celui dans lequel fonctionne l'Administration de Bush « 41 ». Quand les repères traditionnels viennent à manquer, que l'arsenal de connaissances acquises sous la houlette de Joseph Korbel ne l'ont pas préparée à apprécier un monde nouveau, le vide menace. Elle ne retrouve ses marques que lorsque se révèle un ennemi clairement identifié ; une fois le terrorisme désigné — et se désignant lui-même — comme le problème majeur pour l'Amérique sous Bush fils, le monde redevient plus compréhensible, et tout peut se mettre en place. N'est-ce d'ailleurs pas tout le pays qui évolue vers cette vision d'un monde en noir et blanc, le centre de gravité politique s'étant progressivement déplacé des côtes de Californie et du Nord-Est, libérales, vers le Sud et l'Ouest, religieux, conservateurs et peu soucieux du lien avec le monde extérieur ? Condoleezza Rice, qui n'est pas du tout un produit de l'Amérique des libéralismes, y est à l'aise — comme elle y est appréciée et reconnue.

Sans doute, si le duo Cheney-Rumsfeld est discrédité par la suite des événements, sera-t-elle la mieux placée pour infléchir la politique menée jusque-là et rétablir un meilleur équilibre avec les alliés — on le perçoit en partie dans la doctrine stratégique rendue publique en mars 2006, dans les offensives de charme qu'elle mène dans différentes parties du monde et dans de nouveaux champs de coopération au Moyen-Orient. Cela étant, une de ses qualités est de croire obstinément à ce qu'elle dit et d'avoir foi en un avenir qui ne se limite pas au lendemain. La comparaison qu'elle ébauche, de façon insistante, entre l'Amérique d'aujourd'hui et celle de 1947, entre celle qui a assuré la liberté de l'Occident — elle a récemment répondu à une enquête de *Time* que son Président préféré était Harry Truman — et celle qui va assurer la démocratie dans le monde, laisse perplexe sur l'ampleur possible de cette réorientation. Néanmoins, des observateurs prédisent qu'elle sera plus transformée par le Département d'État qu'elle ne le transformera — c'est le sort de bien des ministres face à une bureaucratie puissante. Début 2006, elle a entrepris de rénover le réseau diplomatique américain, sans toucher à l'Administration centrale — celle-ci compte beaucoup de traditionalistes, autrement dit des « réalistes », et ses collaborateurs immédiats sont favorables à de meilleures relations transatlantiques.

Le difficile exercice du pouvoir

Le Conseil pour la sécurité nationale a été fondé en 1947 pour coordonner auprès du Président les organes touchant à la politique étrangère, en rupture avec le style très personnel de Roosevelt. Sans grand pouvoir jusque dans les années 1970, il devint ce qu'il est aujourd'hui grâce à des titulaires comme Kissinger, Brzezinski et, déjà, Brent Scowcroft. À bien des reprises, son poids politique a été plus important que celui du Département d'État — le ministère des Affaires étrangères — et que du Département de la Défense. Il a plus de liberté d'action qu'eux car il dépend directement du Président et il n'est pas soumis au Congrès qui ne peut auditionner le conseiller à la sécurité comme il l'entend — ce qui a d'ailleurs soulevé de grandes difficultés en 2004. Les parlementaires manifestent parfois leur mauvaise humeur à l'encontre de cet outil qui, au fond, permet au Président de faire ce qu'il veut en cachette.

Condoleezza Rice a retenu la leçon de Scowcroft sur le fonctionnement du Conseil, qui ne se mêle pas directement d'appliquer une politique, mais elle a aussi entrepris, dit-elle, de le rendre plus efficace et plus énergique, en se concentrant sur les questions essentielles sans diluer ses forces dans la simple coordination des activités de routine. Elle ne se cache pas d'avoir d'abord à l'esprit le service du Président, et met son point d'honneur à ce que toutes les opinions lui soient communiquées de façon objective et utilisable, tandis qu'elle-même s'exprime peu au cours des réunions. De toute façon, le Conseil, assez informel, n'est pas un ministère ; il n'en a pas les services, même s'il obtient les moyens qu'il demande. L'essentiel, c'est la personnalité du conseiller. Ceux qui se sont succédé à ce poste ont des profils divers, depuis le flamboyant, l'écrasant Kissinger jusqu'à des hommes cultivant la discrétion comme Scowcroft — lequel était néanmoins influent. Le fait que le conseiller pour la sécurité soit le premier chaque matin et le dernier en fin de journée à avoir l'oreille du Président, ouvre aux plus habiles des possibilités d'intervenir de façon décisive — surtout dans les périodes où la politique étrangère domine les préoccupations.

Cependant, sous le premier mandat de Bush, beaucoup d'échos laissent penser que Condoleezza Rice n'a pas eu la partie facile, et certains ont critiqué son inefficacité. La proximité avec le Président ne donne pas plus de pouvoir, semble-t-il, dans l'empoignade générale de l'équipe Bush, mais c'est sans doute une bonne protection contre les mauvais coups. James Risen, l'un de ses critiques les plus sévères [1], évoque les couleuvres qu'elle a dû avaler de la part de deux hommes avec lesquels il y a une antipathie profonde,

---

1. James Risen, *State of War. The Secret History of the CIA and the Bush Administration*, Free Press, 2006, traduit chez Albin Michel, *État et guerre, histoire secrète de la CIA et de l'Administration Bush*.

George Tenet, le directeur de la CIA, et surtout Rumsfeld, Secrétaire d'État à la Défense, au point que l'auteur se demande pourquoi celle qu'il estime la plus mauvaise titulaire du poste depuis longtemps n'a pas démissionné. Sur ce point, il commet deux erreurs. D'une part, c'est ne pas comprendre que la loyauté personnelle à George Bush est le ressort de Condoleezza Rice. D'autre part, il voit une absence de capacité à influer sur les décisions cruciales là où s'exprime la volonté déterminée de maintenir le Conseil dans le rôle modeste qui doit être le sien — et non d'essayer, comme Rumsfeld, d'imposer sa volonté en tout, y compris par des méthodes de guérilla. Reste qu'elle n'a pu obtenir de ce dernier qu'il respecte les procédures entre agences — c'est précisément la tâche du Conseil, dont il a d'ailleurs réussi à limiter l'influence dans plusieurs domaines.

En dehors des difficultés inhérentes aux tensions avec les poids lourds de l'Administration, on lui reproche aussi de privilégier le service du Président au point d'avoir transformé le Conseil pour la sécurité nationale en un outil pour satisfaire ses demandes personnelles plus que pour servir l'intérêt national. Mais n'est-ce pas aussi ce pour quoi le Conseil existe, à côté du Département d'État ? Et dans la foulée, on ajoute que, trop occupée à chuchoter à l'oreille du Président, elle a laissé la bureaucratie faire ce qu'elle voulait pendant ce temps. Ce qui est clair, c'est que la nature du poste de conseiller pour la sécurité, mal définie, et qui évolue en fonction de la relation très personnelle qu'il a avec le Président, l'expose quoi qu'il en ait. Quant aux critiques sur sa compétence dans son domaine, elles sont peu crédibles. Richard Clarke, par exemple, l'éreinte dans son ouvrage *Against All Enemies : Inside America's War on Terror*, sans parvenir à faire croire qu'elle soit si mal informée — qu'elle n'influence pas les décisions est une autre affaire.

George Bush, en tout cas, semble très satisfait du tandem qu'ils forment, puisque après sa réélection, il la promeut Secrétaire d'État. Si son pouvoir de conseillère pour la sécurité nationale n'est pas aussi grand que sa familiarité avec le Président le laisserait croire, il est devenu plus effectif à la tête de la diplomatie américaine, et l'on peut difficilement lui reprocher de rester en retrait. Les mêmes tensions subsistent, mais Rumsfeld et surtout Cheney sont nettement affaiblis par la situation en Irak — c'est le cas du Président lui-même et de toute son Administration, dira-t-on. Comme, sans faillir à la solidarité gouvernementale, elle est assez habile ou a la chance de ne pas être trop associée aux principaux responsables, qui vont devoir payer l'addition politique, il n'est pas sûr qu'elle la paye aussi, tant elle dispose d'une marge de manœuvre plus grande. En revanche, sa montée en grade se paye d'un prix élevé, l'éloignement relatif : elle quitte la Maison Blanche pour les locaux du Département d'État, pas très loin de là. Ce doit être un sacrifice personnel, plus qu'un danger pour son influence. Il est vrai que le conseiller pour la sécurité nationale qui la remplace en 2005, Stephen Hadley, ne lui fait pas d'ombre. Cet autre protégé de Brent Scowcroft a bien plus d'ancienneté qu'elle, puisque son mentor l'a fait entrer au Conseil pour la sécurité nationale dès 1975. Il a aussi d'autres talents, comme avocat d'affaires lié au fabricant d'armes Lockheed Martin, et sait rendre des services — une loyauté récompensée, mais tardivement. Il a collaboré avec Condoleezza dès la campagne de 2000 dans le groupe des « Vulcains », est devenu son adjoint au Conseil lors du premier mandat et lui a succédé. Homme très utile, au courant de tous les secrets, il a choisi délibérément de s'effacer et continue à la seconder.

Les historiens établiront le bilan personnel de Condoleezza Rice lorsqu'ils seront en mesure de mieux cerner les responsabilités et l'influence propre de chacun des trois ou quatre décideurs qui entourent le Président. Le principal service qu'elle rend à ce dernier est peut-être moins d'apporter une compétence en politique étrangère, assez classique au demeurant, que de tout faire pour lui faciliter la vie, et la décision, de s'être au fond rendue indispensable dans la petite poignée de fidèles inconditionnels. Si le Président a besoin de sa présence, l'expérience qu'elle a acquise est précieuse. Dresser un bilan exact de son action devient moins important dans la mesure où elle est désormais sortie de son rôle de technicienne, puis de spécialiste des affaires étrangères pour devenir une personnalité politique de premier plan. Et comme telle, elle a un potentiel bien plus grand que les conseillers texans. Pour le parti républicain, elle offre, plus que des compétences, une image, un espoir, elle est en elle-même un capital politique précieux.

11.

UNE FEMME UTILE

La femme alibi dans un parti machiste, la Noire de service dans un parti qui ignore les minorités : ces deux formules brutales résument les critiques parfois condescendantes, parfois hargneuses, adressées à Condoleezza Rice en raison de sa réussite. Quand les élites politiques au plus haut niveau se ressemblent tant, sont formées dans le même moule aristocratique des écoles du Nord-Est, ou issues du même monde des affaires, avoir une histoire personnelle de difficultés surmontées à faire valoir est un grand atout. Mais l'opinion et la presse n'ont pas toujours la même indulgence pour ceux qui s'accordent cette facilité et peuvent se retourner contre eux. Quand Ronald Reagan se présente en fils d'un vendeur de chaussures alcoolique, ou que Bill Clinton attendrit les cœurs avec son passé de fils sans père d'une mère mal remariée, on est agacé mais on sourit : ce sont de bons politiciens et c'est de bonne guerre. Quand le juge à la Cour suprême Clarence Thomas exploite son histoire édifiante de petit garçon noir né d'une mère adolescente dans la Géorgie ségrégationniste et arrivé par ses propres mérites, on réprouve, on s'indigne assez souvent : faire ainsi commerce de sa propre histoire ! Réussir quand on est femme et noire, c'est risquer plus que d'autres de se voir reprocher d'être utilisée comme alibi plutôt que pour ses compétences réelles. Dans les années 1990, Joycelyn Elders, que son seul mérite a amenée des champs de coton de l'Arkansas à l'Université, est promue par Bill Clinton directrice générale de la santé. Elle doit démissionner quinze mois plus tard : elle est trop libérale et son style est trop direct. Mais ses opposants déplacent le débat de ses idées à sa personne : elle n'était pas qualifiée, elle n'était là qu'à titre d'affichage. Alors qu'avoir triomphé de difficultés de l'existence valorise la plupart des hommes politiques, un membre d'une minorité parvenu à une situation de premier plan — et il n'est plus question ici de discrimination positive — doit s'attendre à une suspicion systématique. Condoleezza Rice n'échappe pas à la règle. Sa biographie est un argument de vente de premier ordre, qu'aucun conseiller en marketing politique ne renoncerait à utiliser. Certes, elle prête le flanc à la critique car elle est peu regardante sur son exploitation par le parti républicain, et n'hésite pas à parler de sa vie. La plupart du temps, c'est en toute sincérité. Mais parfois, la mise en scène dérange car le profit envisagé est trop évident. Nous avons observé d'entrée qu'une grande partie de ce que l'on écrit sur Condoleezza Rice est consacré à son enfance, son milieu, cette histoire personnelle si gratifiante au fond pour la société américaine — Birmingham, ce n'était donc pas que la violence — plus qu'à ses opinons politiques, ses compétences ou sa carrière. C'est ce qu'elle-même fait en consacrant la moitié du précieux temps qui lui est attribué à la convention républicaine de Philadelphie en 2000 à des souvenirs de famille. En retour, elle est attaquée pas seulement sur ses idées, mais sur sa personne.

Femme en politique

L'Administration Bush cherche à tirer parti de l'image des « nouvelles femmes républicaines ». Rien de plus naturel : les Républicains sont plus faibles dans l'électorat féminin. Il leur faut le séduire directement par la personnalité du candidat et de la *First Lady* — pièce essentielle de ce dispositif —, mais aussi en faisant valoir moins ce qu'ils font pour les femmes que le rôle qu'elles jouent dans leur gouvernement. Le premier Président Bush avait déjà mis en avant la jolie jeune femme qui ne se laisse pas tourner la tête par les fariboles « humanitaires » des démocrates. Condoleezza s'est toujours prêtée au jeu, donnant une interview dans *Cosmopolitan* sur les « nouvelles femmes de Washington », posant pour les magazines de mode — y compris dans une robe du soir assez osée par rapport à l'« uniforme » habituel —, répétant de bonne grâce dans les journaux grand public et les *talk shows* influents ses histoires d'enfance et ses satisfactions à la Maison Blanche. Rien de compromettant, juste des confidences sympathiques autant qu'utiles : quoi de plus normal quand on fait une carrière politique ? De toute façon, on a vu à Stanford qu'elle était pour le moins imperméable aux revendications féministes. Pour la campagne électorale, comme tout ce que le parti compte de femmes influentes, elle se prête d'ailleurs à la mise en scène dont le clou est, lors de la convention républicaine de 2004 au Waldorf Astoria à New York, le podium *W Stands for Women*. Aux côtés de Barbara Bush et de Lynne Cheney, les « grands-mères de l'Amérique », et de Laura, la *First Lady*, se tiennent toutes celles qui ont participé ou vont participer à l'Administration Bush. Elles répètent ensuite vaillamment leur show de ville en ville, au long de la campagne du candidat.

Ces opérations suscitent quelques sarcasmes : faire passer le parti républicain pour le meilleur défenseur des femmes est un peu audacieux. Mais la critique est plus limitée qu'on ne le croirait et la question de la parité, qui nous est familière, n'est jamais soulevée. Dès lors, les attaques sont circonscrites aux cercles féministes. Laura Flanders, activiste de gauche, a donné à son livre sur les femmes de Bush le sous-titre « Comment elles ont conquis la Maison Blanche pour leur homme ». Elle y développe avec virulence l'argument que ces femmes servent de paravent à un gouvernement « macho-républicain » et elle y prend notamment à partie Condoleezza Rice. Sur le fond, la politique envers les femmes se polarise sur une seule question, l'éventuelle remise en cause de la législation permettant l'avortement, qui oppose les militants *pro-choice* et *pro-life*. Le combat, de longue haleine, prend des formes complexes. Il se déroule plus au niveau des États que de l'État fédéral, mais surtout à la Cour suprême : la nomination de ses membres par le Président est donc un enjeu capital. De toute façon, Condoleezza Rice évite tant que faire se peut de prendre position sur ce terrain miné. Comme la *First Lady* l'est *mezza voce*, elle est réputée « modérément *pro-choice* », ce qui ne fait pas l'affaire de la droite religieuse toujours exigeante envers George Bush. Elle échappe donc sur ce point aux foudres des militantes féministes.

Pour ce qui est de la participation des femmes aux responsabilités politiques, dès lors encore une fois qu'on n'aborde pas la question sous l'angle de la parité, la cause contre l'Administration Bush est difficile à plaider : si elle irrite énormément les féministes par sa tonalité générale, elle fait plus de place aux femmes que ses prédécesseurs. Dans l'entourage proche du Président, à côté de Karl Rove et de l'omniprésent vice-Président Cheney, ce sont trois femmes qui le conseillent pour sa communication, les affaires intérieures et la politique étrangère. La première Administration Bush est celle qui a compté le plus grand nombre de femmes à des postes ministériels. Sont-elles des faire-valoir ? Vraiment pas, car on ne les cantonne pas aux domaines habituellement « réservés » aux femmes, c'est-à-dire le social et la santé : on trouve des femmes à la direction du ministère de l'Agriculture, de celui du Travail, des Affaires intérieures, de l'Agence pour l'environnement, et des chasses gardées des hommes comme la politique étrangère — même si Condoleezza Rice a été précédée par Madeleine Albright — ne leur sont pas fermées. Dès lors, l'attaque féministe perd un peu de sa force. Est-il pertinent de reprocher à telle ou telle de ces ministres d'avoir essayé de démolir la législation du travail, d'avoir refusé les examens sur la viande lors de l'épidémie d'ESB, d'avoir laissé les compagnies pétrolières forer dans de nouveaux territoires vierges, d'avoir freiné la lutte contre l'amiante, à toutes de défendre des lobbies et à Condoleezza Rice les turpitudes de Chevron au Nigeria ? Imaginer que, parce qu'elles sont femmes, elles auraient dû faire plus dans le social, l'humain, l'environnement, c'est tomber dans un autre stéréotype. Elles ne font pas de la politique autrement que des ministres hommes. La grande originalité des femmes qui entourent George Bush est qu'elles ne sont pas là pour arrondir les angles, enrober les choses et se charger du compassionnel, au contraire. Seule la *First Lady* est dans ce rôle — comme toutes les épouses d'hommes politiques. Mais sa mère, Barbara Bush, avait prévenu en lançant la campagne *W Stands for Women* que le Président aime les « femmes fortes ». Nous avons dit à quel point elles l'étaient et le style de la plupart des intéressées, y compris de la Secrétaire d'État lorsqu'elle défend la politique de son pays, ne laisse guère de doute à ce sujet.

Pourtant, le parcours de ces femmes d'exception jette un éclairage cru sur la rudesse de la compétition. Pas question d'être un politicien moyen : pour être reconnue en politique, plus encore que dans d'autres domaines, il faut clairement être *twice as best*, deux fois meilleure, et on ne le devient qu'au prix de sacrifices d'ordre privé. Les femmes doivent être plus compétentes, plus passionnées pour leur sujet, plus disponibles aussi. Ann Veneman, qui a consacré sa vie à défendre la grande agriculture de Californie sur les traces de son père, notamment dans les négociations commerciales, avant de devenir directeur exécutif de l'Unicef ; Christine Todd Whitman, née dans le parti ; Gale Ann Norton montée à la force du poignet — à l'Université de Denver et à la Hoover Institution aussi d'ailleurs ;

ou encore Elaine Chao tout entière vouée au commerce maritime : pour toutes ces femmes, c'est la même passion pour la carrière, au détriment souvent de leur vie personnelle — pour la plupart, pas de famille, mariage tardif ou divorce sont la règle. La rapide évocation de ces exemples banalise le parcours de Condoleezza Rice : pour arriver en politique, il ne semble pas y avoir pour les femmes d'autre chemin que celui, étroit, qu'elle a parcouru, et soudain des choix de vie qui intriguent se révèlent des nécessités de carrière communes à toutes. On trouvera là une utile mise en garde contre la tentative de chercher dans la biographie personnelle des explications trop spécifiques. Par ailleurs, malgré leur excellence, on sous-estime beaucoup ces femmes, y compris Condoleezza. À chaque poste élevé qu'elle occupe, on s'étonne, on critique son expérience insuffisante : trop jeune, trop féminine peut-être pour le *old boys network*, le réseau d'anciens. Rumsfeld, en particulier, semble manquer de toute délicatesse à son propos. Ces femmes remarquables ne se plaignent pas pour autant du sexisme ambiant. Peut-être, puisqu'elles jouent le jeu politique dans les règles, se disent-elles qu'être sous-estimée en permanence a au moins un avantage : mieux arriver à ses fins par surprise.

« *Tante Jemima* »

Difficile d'être femme en politique… Mais difficile aussi d'être Noir et Républicain ! À l'automne 2005, Michael Steele, déjà premier lieutenant général noir du Maryland, ancien État esclavagiste, est aussi le premier Noir à y conquérir un poste de sénateur. Pourtant, lors de ses apparitions publiques, une partie des membres de sa communauté le bombardent de biscuits « Oreo » — biscuit aussi connu des enfants américains que le choco BN en France et dont on comprend aisément la portée symbolique : il n'est noir que d'apparence, car entre les deux galettes de pâte chocolatée, il est fourré de crème blanche. Michael Steele, qui n'a pas son drapeau dans sa poche, est aussi l'un des animateurs de la campagne ultra-minoritaire des *Afro-Américains pour Bush*, ce qui lui a valu d'être traité de « Uncle Tom » : le contremaître noir, en qui son maître avait une telle confiance qu'il le faisait escorter les convois d'esclaves, est devenu le symbole des Noirs qui se comportent de façon servile envers les Blancs et, de ce fait, deviennent leurs complices. L'insulte est extrêmement courante pour désigner un vaste éventail de comportements, depuis l'opportunisme patent jusqu'à la simple ambition de changer le système de l'intérieur. On ne s'étonnera pas qu'elle s'applique au juge de la Cour suprême Clarence Thomas, « Uncle Thomas », parfois représenté en cireur de chaussures du juge Scaglia. À une époque où les faibles progrès vers l'égalité civique exaspéraient les impatiences, l'extrémiste Stokely Carmichael est allé jusqu'à accuser Martin Luther King de *uncle tomism*… L'oncle Tom tout désigné, c'est Colin Powell bien sûr. D'autres communautés s'en sont inspirées et ont dénoncé aussi des *Uncle Tong* chez les Sino-Américains et des *Uncle Tomahawk* chez les *Native Americans* !

Si oncle Tom n'a pas de compagne, il a un pendant féminin : dans la même veine, Condoleezza Rice a été gratifiée à l'occasion du surnom de *Tante Jemima* par un présentateur d'une station de radio du Wisconsin. Alors que l'oncle Tom a atteint une renommée universelle, la tante Jemima n'a pas franchi les frontières, mais fut bien plus présente que lui dans le quotidien de générations d'Américains, puisqu'elle est l'équivalent du « Nègre Banania », sur les paquets de préparation pour crêpes de la marque Quaker Oats. Comme lui d'ailleurs, elle a évolué, mais où les concepteurs européens ont choisi la stylisation, les Américains sont restés dans le réalisme : la « mama » noire débonnaire en fichu des années 1890 — dont un certain nombre d'anciennes esclaves se disputèrent l'honneur d'être le prototype — est devenue une mère de famille souriante et de plus en plus jeune, dont le dernier changement de coiffure date de 1989.

Condoleezza Rice utilise à l'occasion des détails de son histoire personnelle liés à sa condition de femme noire, c'est vrai, mais ce sont de petites facilités plutôt qu'une stratégie délibérée. Certes, expliquer comment son père s'est affilié chez les Républicains en 1952 et en tirer argument pour dénoncer le parti démocrate dérange un peu. Les Républicains d'Alabama n'étaient pas moins racistes que les Démocrates et n'enregistraient pas les Noirs en général ; certains, dont celui auquel John Wesley Rice eut affaire, pratiquaient simplement, et discrètement, un marchandage dont les Démocrates n'avaient pas besoin : une inscription, fût-elle noire, contre un vote. Et quand la conseillère à la sécurité nationale se laisse aller, devant l'association des journalistes noirs qui la reçoit à l'été 2003, à comparer ceux qui pensent que les Irakiens ne sont pas prêts pour la liberté aux racistes du Sud qui disaient que les Noirs n'y étaient pas prêts non plus, pour conclure que ce qui était faux à Birmingham en 1963 est faux à Bagdad en 2003, elle n'est pas assez naïve pour ne pas mesurer les limites de la transposition ; en l'occurrence, sa façon de solliciter l'histoire n'a pas plu à son public. Les plus virulents à son égard sont des activistes qui ne sont pas forcément noirs. John Sylvester, le présentateur radio, ne l'est pas, mais ne manque pas d'audace : quelques jours après avoir insulté Condoleezza Rice, il présenta ses excuses dans un premier temps... à tante Jemima, cette honnête femme ne méritant pas la comparaison avec « une politicienne mentant dans son intérêt personnel ». Apparemment les Noirs qui choisissent le camp d'en face méritent le traitement toujours plus sévère que l'on réserve aux renégats. Les élites noires sont ainsi prisonnières d'une opinion bien-pensante : pour échapper à la culpabilisation, elles n'auraient d'autre choix que de s'enfermer dans une fonction tribunitienne comme les révérends Al Sharpton et Jesse Jackson, de témoin, défenseur, militant, porte-parole — démocrate, bien sûr —, et de sacrifier à un stéréotype positif, ce qui ne leur laisse guère de liberté d'action.

La communauté noire est plus circonspecte. Les élus noirs républicains de tout le pays, réunis dans la *National Black Republican Association,* se félicitent de la brillante carrière de Condoleezza Rice. Leur revue, *Black Republican*, l'appuie sans réserve. Leur combat est pourtant difficile : ils veulent réconcilier les Noirs avec le parti qui les a libérés de l'esclavage autrefois et prouver que les Démocrates ont toujours été racistes. Mais ils sont très minoritaires. Ils ne le sont pas moins, les petits groupes extrémistes qui, dans des publications assez confidentielles, n'ont pas trop de mépris à déverser sur Condoleezza, la « servante du diable », complice des crimes de son maître, « l'expression la plus achevée du traître à sa race », la « Dominatrix anti-discrimination positive ». La plupart des Afro-Américains sont ambivalents. Les insultes comme « Tante Jemima » ne leur plaisent pas et d'ailleurs la *National Association for the Advancement of Colored People* a dénoncé leur auteur ; le portrait de Condoleezza

Rice par Kevin Cunningham paru dans la série de la bibliothèque afro-américaine est des plus conventionnels. Tiraillés entre le désir de promotion individuelle et le devoir de solidarité collective, les Afro-Américains admirent ceux qui réussissent et prouvent à tous que les Noirs peuvent faire aussi bien que les autres, mais leur en veulent s'ils n'utilisent pas leur pouvoir ou leur influence pour faire avancer la cause de toute la communauté. Réussir en dehors d'elle, en franc-tireur, c'est ne pas être solidaires des « frères » ; c'est trahir la cause si, en réussissant, on en vient à penser, en « Oreo », comme les Blancs ; pire encore, on devient un oncle Tom si, non content d'oublier ses frères noirs, on est complice du parti républicain, c'est-à-dire de ceux qui ne font rien pour les Noirs, qui réduisent les services sociaux, freinent la discrimination positive à l'Université. Histoire de renégat, toujours : la critique la plus dure vise ceux qui s'engagent dans un camp auquel la majorité des Noirs ne pardonne pas car ils le suspectent de considérer leur malheur comme de la faiblesse.

Tout cela s'applique-t-il vraiment à Condoleezza Rice ? En la soupçonnant d'être la « Noire de service », on lui fait un mauvais procès. En réalité, on se trompe de cible. Certes l'Administration Bush utilise volontiers son image, mais elle n'y a pas été nommée en tant que noire, ni porte-parole des minorités. Serait-elle bien placée pour le faire, quand être « minoritaire » n'a pour elle guère d'importance par rapport aux qualités individuelles qui font le succès ? D'autres sont plus volontaires pour s'en charger. Linda Chavez y était toute prête, elle qui, pressentie pour le poste de ministre du Travail en 2001, présenta tout de suite sa nomination comme « un hommage aux familles d'immigrants venues sans rien ». Mais ce fut finalement Elaine Chao, première femme asiatique à occuper une telle position, qui reprit le poste ministériel et le rôle de symbole du rêve américain réalisé dans la « diversité de la nation », en ne manquant jamais d'utiliser son parcours personnel sans retenue aucune. Un parcours édifiant d'ailleurs : née à Taiwan en 1953 d'une famille qui avait fui Shanghai et s'est installée aux États-Unis en 1958, Elaine Chao a aussi profité de la suppression des obstacles qui existaient encore pour les Chinois et les Japonais grâce au *Civil Rights Act* de 1965. Ensuite, l'histoire se raconte toute seule : du travail, toujours du travail — en réalité des relations aussi — pour faire fortune dans le commerce avec Shanghai. Sur les six filles, Elaine est élevée par son père comme le « premier fils », réussit dans les affaires, qui sont sa vraie passion, épouse à quarante ans un sénateur veuf, suit le chemin politique qui la mène à un poste ministériel. Son rôle politique est complémentaire de celui de Condoleezza. La réussite d'une femme issue de l'immigration asiatique prouve qu'avec de la volonté et du travail, le rêve américain est accessible à tous et à toutes et sous-entend que, si certaines minorités n'y arrivent pas, c'est probablement de leur faute. On pourrait tirer cette même conclusion, sans démonstration aussi lourde à l'appui, de l'individualisme forcené de Condoleezza Rice, qui semble prouver l'inutilité de la discrimination positive. L'unique occasion, à notre connaissance, où celle-ci a commenté sa présence et celle de Colin Powell dans l'Administration Bush, c'est pour souligner que « c'est une très bonne chose lorsque nous apparaissons aux côtés du Président comme Secrétaire d'État et conseiller à la sécurité, car c'est une façon de dire au monde qu'il n'y a plus de frontières que les Noirs américains sont supposés ne pas franchir... C'est pourquoi je parle si souvent des individus. Ce n'est pas pour nier l'existence du groupe, mais parce qu'il faut en appeler aux capacités, à la valeur de chaque individu ».

Quant à lui demander d'être noire avant tout, d'être plus noire que blanche, cela ne signifie rien pour elle, qui ne vit pas sa condition comme une prison, et assume sans haine ni culpabilité, mais plutôt avec amusement la part « blanche » de son héritage, celle des maîtres qui, cent cinquante ans auparavant, ont mêlé leur sang à celui des esclaves noirs. Un de ses condisciples dans le même cas se rappelle ainsi qu'ils jouaient parfois à savoir qui avait les ancêtres blancs les plus nobles. Elle raconte aussi que le grand-père de sa mère était un émigré italien venu aux États-Unis acheter des esclaves cinq ans avant l'émancipation, pour conclure : « Cela explique pourquoi nous avons si peu le sens des affaires ! » En revendiquant ainsi complètement son ascendance, elle commet d'ailleurs une injustice envers son grand-père Albert Ray, descendant de l'Italien, qui a prouvé, lui, son sens des affaires. Sa culture est par nature universelle. Son succès, elle l'attribue à la démocratie américaine, et non à la discrimination positive. Mais réussir dans ces conditions, c'est accepter un conformisme nécessaire, pour les femmes en politique dans un monde d'hommes, pour les minorités dans un monde blanc. C'est accepter une normalité pour échapper aux stéréotypes, ce qui est peu compatible avec le sentiment d'une mission particulière comme d'une dette envers sa propre communauté. Certains Noirs américains, dans le débat sur d'éventuelles réparations dues aux descendants d'esclaves, ont fait aussi valoir que leur vraie dette envers ces ancêtres qui ont souffert, c'est d'utiliser pleinement les facilités qui leur sont offertes pour progresser comme n'importe quel Américain : l'esclave contremaître Josiah Henson qui a inspiré à Harriet Beecher Stowe le personnage de l'oncle Tom, a fini par s'échapper, devenir homme d'affaires, et c'est ainsi qu'il a aidé d'autres anciens esclaves.

Clayborne Carson, l'historien choisi par Coretta, la veuve de Martin Luther King récemment disparue, pour diriger les archives King, à Stanford justement, voit une différence entre certains conservateurs noirs et Condoleezza Rice dans le fait « qu'elle a toujours fait partie de la communauté noire ». Elle-même affirme régulièrement son identité. N'incarne-t-elle pas ainsi la réalisation du célèbre « rêve » de Martin Luther King, être une femme que l'on juge non d'après la couleur de sa peau, mais d'après ses capacités propres ? Beaucoup en seront d'accord, mais souhaiteraient, selon la formule d'un autre acteur du mouvement des droits civiques, qu'elle comprenne que, « être noir en Amérique, c'est quelque chose de plus compliqué que le simple fait de réussir », notamment parce que les succès remarquables des uns n'empêchent pas que d'autres s'enfoncent dans la pauvreté et le manque d'éducation. On en revient ainsi à l'éternelle question : la réussite individuelle ne vaut-elle rien si elle n'est pas un levier pour le progrès de la communauté tout entière ?

C'est ici que Condoleezza Rice s'écarte pour suivre son propre chemin. Elle ne se sent pas investie d'une mission historique qui serait de faire progresser cette communauté, car elle ne se reconnaît pas dans son histoire officielle, une histoire de victime qu'elle estime ne pas avoir été. Elle se sent libre comme individu, en même temps qu'elle se reconnaît dans une histoire familiale qui diffère de celle d'un groupe. Elle aurait pu apprendre cette histoire, s'identifier à un passé de souffrances, et même se l'approprier comme d'autres qui se forgent ainsi une conscience politique au nom de la « classe ouvrière » ou d'une minorité ethnique. Si elle ne le fait pas, c'est qu'elle n'a pas de revanche à prendre ; sa plus belle liberté, c'est qu'elle n'a pas de ressentiment. À propos de la bombe qui tue quatre petites filles dans l'église baptiste en 1963, elle dit de façon surprenante : « Je n'étais pas en colère, je me demandais seulement pourquoi ils nous haïssaient autant. » Et encore : « Birmingham aurait pu me rendre amère… Je pense que cela a seulement fait de moi, et de pas mal de mes amis, une résiliente. »

Femme de pouvoir

Condoleezza Rice, femme alibi ? C'est lui rendre bien peu justice, et c'est manifestement faux. Ce n'est qu'une autre façon de la sous-estimer, à laquelle ses adversaires ne se risquent plus trop désormais. Elle est devenue une femme de pouvoir, on n'osera pas dire un homme politique à part entière… Cela signifie qu'au fil des années et de l'expérience, elle a beaucoup appris à utiliser ses fabuleux dons de communication, à ne pas s'impliquer quand il ne le faut pas et à attendre son heure. Cela signifie qu'elle a appris les habiletés et les manœuvres du métier, accepté la dureté, le cynisme des luttes de pouvoir. En ces termes, est-ce un compliment ? C'en est un de dire qu'elle s'est fait respecter, bien au-delà de son rapport privilégié avec le Président. Surtout, elle ne donne nullement le sentiment de s'être transformée en un politicien comme les autres — s'être préservée des campagnes et marchandages nécessaires pour acquérir un mandat local l'a probablement aidée.

Cet apprentissage lui a aussi permis d'échapper aux catégories dans lesquelles on voudrait l'enfermer, une femme, une Noire, une universitaire, quand elle débutait dans la carrière politique... Elle y a gagné une reconnaissance de ce qu'elle est et cette liberté, qui compte tant dans sa conception si individualiste de la réussite. Est-ce possible ? N'a-t-elle rien sacrifié, n'y a-t-il pas un cynisme obligé, inhérent à ce brevet de professionnalisme que nous venons de lui attribuer ? On est tenté de croire qu'à l'issue de ce parcours, elle reste en accord avec elle-même. À preuve son intervention à la convention républicaine de 2000 — a priori un lieu de compromission, de facilité rhétorique et d'approximations, de propagande plutôt que de sincérité et de pureté des sentiments. Elle y développe dans le sens qu'on pouvait attendre son histoire familiale. Et, épisode qui a soulevé l'indignation des activistes qui dénoncent ses compromis, et son rôle d'alibi justement, elle ose cette affirmation sur le mode de la confidence que « George W. Bush aurait aimé granddaddy Rice ». Le rapprochement laisse sans voix : était-elle obligée d'en faire tant ? Son grand-père Rice est, s'il faut le rappeler, ce fils d'esclave qui vend son champ de coton pour étudier ; alors que George W. Bush a grandi dans une partie du Texas plutôt ségrégationniste et son père, candidat au Sénat en 1964, était alors opposé à la loi sur les droits civiques que Lyndon Johnson allait faire voter. L'association incongrue et choquante de ces deux hommes de mondes différents, l'un qu'elle a toujours aimé et respecté, l'autre auquel elle est toute dévouée, la disculpe, semble-t-il, plutôt qu'elle ne l'accuse. Une chose est d'utiliser sa biographie comme capital politique dans les médias, une autre de trahir la mémoire d'une lignée qu'elle révère, et ses propres parents. On peut croire à sa sincérité, c'est une femme entièrement libre qui n'a à s'interroger ni sur son histoire ni sur ses choix. Dès lors, quelle immense force — comme celle de George Bush lui-même d'ailleurs — que de savoir où est le bien et le mal, savoir qu'on incarne la réussite, qu'on est invincible comme l'Amérique : la femme « de tungsten et de teflon » n'a que cinquante ans et l'avenir devant elle.

12.

BATAILLE DE DAMES

2008 ? Non, mais...

Elle a dit non. Elle l'a répété dans son pays et à l'étranger : *no, niet, nein*. Elle a expliqué qu'elle avait d'autres choses à faire, qu'elle s'attachait toujours à accomplir à fond sa tâche du moment, sans se soucier de l'avenir, ce qui est en partie vrai bien sûr, mais faux aussi, comme pour tout le monde, et laisse une ouverture. Elle a dit une fois de plus que le poste qu'elle avait toujours voulu, c'était celui du président de la Fédération nationale de football. Mais comme cela ne risque pas d'arriver, faut-il vraiment considérer comme définitive sa réponse sur l'investiture républicaine pour la présidentielle de 2008 ?

Apparemment, ils ne l'ont pas entendue ou pas crue, ceux qui animent — sans son soutien, mais sans qu'elle intervienne pour que cela cesse — des sites favorables à sa candidature : on y vante ses extraordinaires mérites, on y vend des produits à son effigie, on la suit pas à pas... Situation idéale que de se faire désirer et de pouvoir choisir au dernier moment. Mais combien de temps ? Ils l'ont en effet trop bien entendue, et ils l'ont crue très volontiers, les éléphants du parti républicain qui ont commencé au printemps 2006 à se mouvoir pour la campagne. Les sénateurs Frist et McCain s'agitent déjà. On réunit ses partisans, on organise des votes indicatifs, en évitant que son nom n'apparaisse — sans comparer avec la situation française, vient à l'esprit l'image de certains conclaves où des hommes rivalisent tandis que plane, dans les sondages, une femme...

N'y a-t-il pas quelques indices qu'elle est dans la course, ou le sera le moment venu ? Dans le pays, un frémissement est perceptible. Internet prend plus de place à chaque campagne présidentielle, et ses partisans — les « Condistas » ainsi qu'ils se nomment eux-mêmes — multiplient les sites. Ils vendent le bric-à-brac habituel des casquettes, T-shirts et poupées aux plaques minéralogiques [1]. Pour l'instant ce sont surtout des commerçants qui espèrent profiter d'un engoue-

---

[1]. Pour un plus grand choix, la galerie de photos notamment, on ira de préférence sur *americansforrice.com*, mais aussi sur *rice2008.com*, *condipresident.com*, *condoleezzaforpresident.com*, *condicountry.com*... Il s'en crée chaque mois.

ment subit, d'une « condimania », ou des amateurs qui ont l'enthousiasme des croyants — elle a toujours fait son devoir lorsqu'il fallait servir le pays, tel est leur credo — mais qui n'ont pas encore l'argent ; ils rendent compte dévotement du moindre sondage local dont elle sort vainqueur ou bien placée. Chaque candidat ayant les siens, n'y insistons pas. Reste que, chez les électeurs républicains aux quatre coins du pays, elle arrive régulièrement devant MM. Giuliani, McCain et Frist. Si elle ne se déclare pas avant les primaires, certains travaillent à une vaste initiative militante, un *draft* pour rendre sa candidature nécessaire. Mais la chose n'est ni aisée ni courante. C'est ainsi qu'a été choisi puis élu le Président Eisenhower en 1952, et les partisans de Condi ne manquent pas d'évoquer l'épisode. Mais elle n'est quand même pas Eisenhower, avec qui elle n'a guère en commun que de ne pas avoir eu de fonction élective. Un autre commandant en chef, Colin Powell, aurait bénéficié d'une telle initiative en 2000 s'il l'avait voulu, et le général Wesley Clark a tenté de s'en servir en 2004. Bref, pour susciter un *draft*, mieux vaut être un militaire qui a bien mérité de la patrie... Tout cela ne peut faire illusion longtemps face à la puissante machine du parti, mais traduit un capital de sympathie dont peu de politiciens républicains peuvent se prévaloir.

Faut-il chercher quelques signaux de son côté ? Elle semble vouloir donner une image qui ne se réduise pas à celle de la « princesse guerrière ». On revoit un peu plus dans le Sud cette Californienne d'adoption. Il le fallait bien, après l'ouragan Katrina de septembre 2005 : n'étant pas de permanence à la Maison Blanche, elle n'avait pas interrompu son week-end new-yorkais de shopping dans les boutiques de luxe. L'opinion américaine apprécie très peu ces manifestations d'insensibilité. Telle serait sa réputation si elle commettait d'autres impairs comme celui qu'elle fit en déclarant que le tsunami était « une merveilleuse occasion » (sic) pour les États-Unis de regagner un peu de popularité dans le monde. Depuis, elle est allée dans le Sud plus souvent, plus près des gens. Elle a rencontré des victimes de Katrina à Birmingham et à Tuscaloosa. Elle est aussi allée rendre hommage à Rosa Parks lors du décès de l'héroïne du combat pour les droits civiques dans l'Alabama. Elle cultive ce qui la distingue des autres responsables politiques. À l'été 2005, elle accompagnait au piano au Kennedy Center de New York une jeune soprano très malade. Elle est toujours aussi en forme — on lui a enlevé une tumeur non cancéreuse en novembre 2004 — et toujours aussi sportive. Elle s'est mise au golf récemment et ne dédaigne pas d'être photographiée avec une jeune prodige, Michelle Wie. Et pourquoi être devenue « Miss Muscles » en mars 2006 sur une des chaînes de NBC ? En trois leçons, elle y prouve aux Américaines qu'on peut être très occupée — désormais, c'est à 4 h 30 qu'elle se lève chaque jour, où qu'elle soit — et garder la forme et la ligne ! S'agit-il d'une campagne concertée, ou de bons conseils de quelques amis au cas où ?

En janvier, puis en mars 2006 dans une émission très populaire, Laura Bush a déclaré qu'elle la soutiendrait volontiers pour la présidence. La *First Lady* prenant très rarement position, elle ne parle pas qu'en son nom. Une tradition établie veut que le vice-Président succède à un Président qui a fait deux mandats. En 2004 se posait déjà la question d'un « ticket » Bush-Rice. La décision dépendait alors de Cheney et il désirait se représenter. Mais Cheney est maintenant hors course. Rice serait-elle alors l'« héritière » désignée par la maison Bush, puisque Jeb, le frère de George et gouverneur de Floride, ne sera pas sur la ligne de départ ? Ce n'est pas forcément une bonne chose, vu le bilan du Président ; mais elle ne peut pas être la candidate de la rupture. À la mi-2006, beaucoup de choses ne sont pas jouées : le sort de la guerre d'Irak avant tout, la santé de Dick Cheney qui pourrait la propulser à la vice-présidence après les élections de mi-mandat à l'automne, d'éventuels nouveaux attentats terroristes. Mais a-t-on le temps ? Une urgence se profile, qui pourrait enclencher le mouvement.

« Au secours, les Clinton reviennent ! »

Si la campagne est déjà lancée, c'est parce que George Bush a accompli ses deux mandats et que la place est libre, et surtout parce qu'il y a déjà un candidat déclaré, ou plutôt une candidate : la sénatrice de New York, Hillary Rodham Clinton. Il lui reste bien sûr à s'imposer dans les primaires démocrates. Mais déjà cette candidature — deux pour un, avec Bill Clinton en prime — fait frémir et sème l'émoi chez les Républicains. Qui lui opposer efficacement ? Il n'y a pas grand monde ou trop, ce qui revient au même. Et si l'on veut se donner tous les atouts, face à Hillary, il faut inventer du neuf. Condoleezza Rice ferait très bien l'affaire. Désormais, c'est dans cette perspective qu'on doit envisager sa candidature, à laquelle beaucoup d'obstacles s'opposent en théorie, et c'est ce qui pourrait la justifier dans le parti républicain. L'idée est alléchante, les journalistes évoquent déjà avec gourmandise cette possible bataille de dames. C'est cette urgence de contrer Hillary, de lui trouver, selon le mot de Dick Morris et Eileen McGann, « un antidote », qui a conduit ces derniers à publier *Condi versus Hillary, the Next Great presidential Race* — la prochaine grande compétition pour la présidence. L'idée est simple : Hillary rêve d'avoir face à elle comme candidat républicain un homme très à droite, anti-avortement ? Trouvons l'inverse. Elle joue sur les femmes et les minorités ethniques ? Coupons-lui l'herbe sous le pied. La comparaison entre les deux femmes, fascinante, ne s'impose pas ici, et les auteurs sont plus préoccupés de procéder à une démolition méthodique et haineuse de Hillary contre laquelle ils font flèche de tout bois, qu'à mettre en valeur sa rivale potentielle. La couverture du livre donne le ton : deux furies, ou plutôt, pour racoler l'électeur macho déjà émoustillé, deux louves prêtes à en découdre — l'image suggère les combats féminins sur le ring, spectacle apprécié dans la culture populaire américaine. On se demande qui est la plus desservie... Condi en tout cas est présentée comme le dernier rempart, face à l'affolante perspective d'un retour des Clinton à la Maison Blanche. Ce livre de circonstance ne nous en apprend guère sur ses forces et ses faiblesses, mais nous rappelle au moins que la haine inextinguible contre Hillary Rodham Clinton des *Hillary haters*, qui sont à la recherche d'une *Hillary killer*, n'a pas d'équivalent dans le camp d'en face car il n'y a pas vraiment de *Condi haters* ; même chez les Démocrates, on lui reconnaît des qualités, souvent des circonstances atténuantes, et on la condamne poliment sans lui faire porter la responsabilité d'une politique qu'elle sert pourtant.

Ses partisans discutent avec une franchise surprenante de ses handicaps, dont le plus évident est son expérience limitée : si on ne peut plus désormais lui objecter qu'elle ne couvre pas toute la politique étrangère et si elle est devenue une figure nationale, en politique intérieure elle est encore novice, surtout parce qu'elle n'a jamais été élue. Avoir montré ce qu'on est capable de faire comme doyen de Stanford, ou avoir été jugée utile par quelques multinationales, ne remplace pas l'expérience d'un gouverneur d'État. Peut-on pour autant l'attaquer sur ces compétences virtuelles ? Sûrement pas. Plusieurs Secrétaires d'État sont devenus présidents et au moins elle connaît bien la Maison Blanche.

Mais peut-elle y aller seule ? Si le Président est une femme, il n'y aura pas de *First Lady* à la Maison Blanche, soit. Mais avec elle, il n'y aurait pas non plus de prince consort. Bill a déjà proclamé quel plaisir il aurait à l'être. Un des points faibles de Hillary, c'est qu'elle aura Bill pour mentor, ce qui permet de souligner la disponibilité et la totale liberté de Condi. Un site Internet de ses partisans offre à la vente une affiche, où, sur la pelouse de la Maison Blanche, on la voit d'un côté seule, les bras croisés, regardant de pied ferme, si l'on ose dire, l'Amérique et le monde, tandis que de l'autre côté, Hillary Clinton juchée sur les épaules de son Bill goguenard essaye de se maintenir en équilibre — Condoleezza offre « deux en un » au lieu des « deux pour un » des Clinton. C'est transformer hardiment en avantage une spécificité qui pourrait la desservir. Mais quand même... À Washington, elle aurait confié à un vieil ami qu'elle préférait sortir avec des Noirs. Celui-ci se serait entremis auprès d'une autre notabilité de la capitale pour organiser des rendez-vous convenables. Rien n'en est sorti. Décidément, entre son travail et le Président, la vie de célibataire endurcie semble lui convenir. Mais épargnerait-on sa vie privée ? Les dernières campagnes ont montré qu'il n'y a plus guère de retenue dans les attaques personnelles indignes : le lynchage de Hillary a commencé avec l'ouvrage dégradant de Ed Klein, *The Truth about Hillary*, qui vise à déconsidérer la « radicale lesbienne ». Propager la rumeur de lesbianisme, c'est ce que Karl Rove a fait aussi en 1994 au Texas pour déstabiliser la gouverneure sortante Anne Richards... laquelle fut battue par George Bush dont la carrière fut ainsi lancée. Y aura-t-il des stratèges démocrates pour s'y laisser aller à leur tour, avec une si belle cible ? Au moins on ne pourra pas plaisanter en même temps sur la façon dont elle s'est énamourée du Président sortant. Dans cette compétition, tous les coups semblent permis désormais, et dans un pays moralisateur, ils portent.

Probablement le plus grand danger viendra-t-il de ses amis, c'est-à-dire du parti républicain. Ceux qui se sentent déjà une vocation présidentielle ne vont pas lâcher prise, et il est peut-être plus difficile d'être désignée comme candidate lors des primaires que de faire campagne ensuite. Le « GOP » a suivi le siècle, mais à quoi est-il prêt ? Sa haine des femmes démocrates est redoutable : Geraldine Ferraro, la première candidate à la vice-présidence en 1984, en a senti les effets et il en va de même pour Hillary Rodham ; on dirait qu'en vingt ans rien n'a changé dans certaines fractions du parti. Mais pour une femme issue de ses propres rangs ? Le *good old boys club* n'est plus ce qu'il était, mais il ne faut pas s'attendre à des cadeaux. Condoleezza Rice est, avec des réserves, *pro-choice* c'est-à-dire d'accord pour ne pas remettre en cause la liberté de l'avortement : c'est ce qui peut lui coûter le plus. Sur les forums de discussion des églises où elle vient témoigner, les fidèles se disent conquis, mais demandent sans cesse : pourquoi donc est-elle *pro-choice* ? Elle risquerait de nommer les mauvais juges à la Cour suprême et pour la droite chrétienne, c'est presque la question essentielle. Mais il y a des accommodements. George Bush père était *pro-choice*, il a changé d'avis pour devenir le vice-Président de Reagan, et plus tard il a nommé à la Cour suprême des juges *pro-life*. Rudy Giuliani, autre candidat républicain possible, est aussi *pro-choice*, et de plus il est pour le contrôle des armes, que Condoleezza Rice refuse fermement — en souvenir des patrouilles contre le Ku Klux Kan de Birmingham. Ajoutons que les néoconservateurs qui l'ont toujours considérée comme une étrangère dans leur maison craignent sans doute — et peut-être à juste titre — qu'elle n'opère un retour au réalisme en politique étrangère. Pour qu'elle ait le parti derrière elle, il faudrait qu'une grave menace surgisse de l'extérieur, ou qu'un choc très important le secoue... Pour l'instant, cette menace est intérieure, c'est Hillary ! Et cela semble donner à réfléchir aux responsables républicains.

Des armes de séduction massives

Elle a des handicaps sérieux, mais aussi des atouts. Elle ne démérite certainement par rapport à aucun compétiteur républicain et joue dans la même catégorie que Hillary Rodham. Face à celle-ci, on attend d'elle qu'elle limite les dégâts dans l'électorat féminin, et plus encore dans les minorités ethniques ; chez les Noirs en tout cas, Bush était au plus bas. Et quand l'adversaire est l'épouse de celui que la grande écrivaine Toni Morrison a qualifié de « premier Président noir des États-Unis », il faut faire quelque chose. Il n'y a guère à craindre la candidature d'un Noir à la vice-présidence pour les Démocrates — avec Hillary, ce n'est pas la peine — et ils feraient peur à l'électorat blanc, à de rares exceptions comme l'étoile montante, le métis Barack Obama, que *New Republic* qualifie de « Noir à part ». Chez les Républicains justement, comme Colin Powell, apprécié de tous, Condoleezza est une « Noire à part ». La question, pourtant, n'est pas de savoir si elle fait peur à un électorat blanc, mais si elle attirerait une fraction suffisante de l'électorat noir. Où irait le cœur des Noirs du Sud ? Le jeu des pronostics entraînerait trop loin. Additionner les voix des groupes ethniques et des minorités est d'ailleurs dépassé — eux-mêmes ne veulent plus être traités de la sorte. Sinon, il faudrait surtout se soucier des voix des hispaniques. Cet exercice comptable, auquel se livrent consciencieusement les auteurs de *Condi contre Hillary,* est bien théorique.

De toute façon, ce n'est pas le solde des qualités et des défauts, des compétences et des faiblesses qui fait le bon candidat. Soyons honnêtes : si l'on recrutait sur dossier, une fois faite la liste de ses atouts et de ses lacunes, George Bush serait-il Président ? Et pourtant, au soir de l'élection de 2004, il était vainqueur. Même si ce n'est pas pour le meilleur, l'image l'emporte désormais et la plupart des handicaps que nous avons évoqués peuvent être balayés par la dynamique d'une campagne. Or toute sa vie, Condi s'y est en quelque sorte préparée : depuis qu'elle est petite, elle va d'audition en audition, à la conquête de nouveaux publics. Alors que George Bush ne sait pas parler, sa parole à elle coule, musicale et forte à la fois. Elle a de l'assurance et des certitudes, un sang-froid et des qualités redoutables dans le débat. C'est une professionnelle des interviews, des télévisions et des estrades, et son savoir-faire impressionne. Montant dans la voiture de la journaliste qui va faire son portrait dans *George,* elle lui met une cassette d'elle en train de jouer avec le Muir Quartet : même dans les détails, elle se donne du mal pour séduire, et cela marche. Dans l'émission qu'elle a faite, il y a plusieurs années, avec la présentatrice vedette Oprah Winfrey, elle marque par son charme, sa passion parfois, et sa présence. De plus, l'attaque ne la démonte pas, même si elle est bien plus violente que l'affrontement avec une commission d'enquête du Congrès. Au cours d'une récente réunion en Californie, trois femmes se tenaient debout dans le fond de la pièce dans l'accoutrement d'un prisonnier irakien d'Abou Ghraib dont la photo a fait le tour du monde. En attendant qu'on les fasse sortir, Condoleezza Rice a tenu la salle en expliquant que cette manifestation prouvait à quel point « c'est merveilleux, la démocratie ». Elle a du répondant, les projecteurs l'attirent ; après être tant montée sur scène, elle est prête à monter sur le ring.

Reste la personnalité… Séduira-t-elle, et d'abord dans les apparences ? Des hommes, on compare les programmes, la force de conviction, la capacité de communication, assez peu le costume et la coupe de cheveux. Comment comparer les candidates sans tomber dans le sexisme ou les traiter avec la condescendance de cet oracle politique qui a balayé la candidature Rice d'un revers de main en l'estimant « aussi sérieuse que celle de Laura Bush » ? Condi a toujours été impeccable, Hillary a fait beaucoup de progrès. La presse ne manquera pas de nous donner tous les détails, si l'heure vient.

Ouvrons la parenthèse brièvement pour dire que, dans la cinquantaine, le charme de Condoleeza ne se dément pas. Elle a de la classe, jamais de laisser-aller, est toujours en représentation. Même dans ses tenues de sport au ranch à Crawford, elle est chic. Dans son bureau à la Maison Blanche, il y avait deux miroirs, pour se voir derrière comme devant. Certes, elle n'échappe pas à l'uniforme de la femme politique aux couleurs et aux formes rassurantes, aux tailleurs et colliers classiques de la femme cadre — on se demande même parfois si sa garde-robe n'est pas la même que celle de Laura Bush — mais Condoleezza porte aussi des jupes dont la longueur est à la limite de ce que le bon ton du Washington officiel peut supporter. Son seul péché, ce sont les vêtements et bijoux de luxe, et surtout les chaussures : elle a une acheteuse personnelle. Dans toutes les occasions possibles, elle se pare. Sa silhouette le lui permet d'ailleurs. Sa véritable originalité, si l'on peut se permettre cette remarque très peu politiquement correcte, c'est que ce n'est pas une beauté noire, c'est une beauté blanche ou plutôt une alliance qui fait son charme tout particulier. Elle n'a pas le genre des Latifah ou Mo'Nique qui se laissent admirer dans les pages de *Ebony*, le magazine noir. Elle n'a pas leur opulence — trop sportive pour cela — ni leur chevelure, somptueuse, folle ou travaillée — sa coupe est stricte, adaptée à un visage sans rondeurs. Elle est si exposée, des heures durant, qu'on la voit parfois sérieuse, le sourcil froncé, l'air buté et la bouche dure à l'occasion. Mais quand elle se détend, au ranch ou dans les tribunes du stade, un sourire franc l'illumine : ce n'est pas seulement celui des photos officielles ; c'est une personnalité rayonnante. Le classicisme lui est imposé. Lorsqu'elle s'en délivre, toutes les suppositions sont permises. Est-ce la vraie Condoleezza qui descend de l'avion en février 2005 pour rendre visite aux troupes américaines en Allemagne ? Long manteau noir d'uniforme à boutons dorés, ouvert sur une courte jupe noire et hautes bottes noires à talon, elle parade au milieu des boys avant de monter sur scène. La photo sexy a fait sensation : tour de vis dans la politique américaine ? Matrix, Dominatrix ! a-t-on lu dans le respectable *Washington Post*. Quelle liberté peut-elle s'octroyer ? Elle n'a pas recommencé.

Le combat auquel elle doit s'apprêter sera rude. Il n'épargne pas la beauté, mais il fait ressortir la force, un charisme personnel. C'est ce qui permet à Parag Khanna dans *Foreign Policy* en juillet 2005 de classer Condoleezza Rice parmi ceux qui, sur la scène politique, disposent d'« armes de séduction massives », avec le Président Bush... Fidel Castro et Hamid Karzai ! De nombreux témoignages, y compris d'adversaires, sur l'intensité de sa présence et sa force intérieure le confirment.

Une Amérique réconciliée

Est-ce ce rayonnement tranquille qui convaincra les Américains ? Ils y sont sensibles, puisqu'ils lui font une place à part. Selon les sondages, le discrédit de la politique dont elle est pleinement solidaire ne pèse que de façon très atténuée sur sa popularité personnelle. C'est peut-être son image parfaite qui pourrait agacer. Quelle faiblesse la fera aimer, quel défaut la rendra plus proche ? Sa communication totalement contrôlée risque de l'être plus encore en période électorale, et il y a peu de chance que ses stratèges estiment bon de révéler une faiblesse : sa force c'est d'être deux fois plus forte. À preuve, l'exemple qu'elle a entrepris de donner à la télévision à toutes celles qui seraient tentées de se laisser aller : faites comme moi, musclez-vous. En même temps, elle est transparente ; cette maîtrise ne cache pas un secret, elle ordonne une vie limpide. Dire qu'elle manque d'épaisseur est injuste pour une existence si remplie et en fait très réussie. Son conformisme désarme. Intelligence, sens de la famille, travail, religion, football, allure impeccable, une large partie du public américain ne peut que l'aimer. Cela suffit-il pour communier avec elle et la vouloir comme Présidente ? Si l'image compte plus que le programme, ce qui sauve la démocratie, c'est que dans les urnes, il arrive que l'image fabriquée, le charme des apparences, même la séduction d'une force intérieure pèsent moins qu'une image qu'on ne contrôle pas, la vérité profonde d'une vie, qui entraîne l'adhésion. La campagne électorale, malgré les moyens qu'elle met en œuvre, les combinaisons qu'elle nécessite et les turpitudes qu'elle engendre, permet une rencontre entre une personne et le pays, qui transcende et les faiblesses et les compétences — les deux candidates potentielles n'en ont que trop. Dans cette possible rencontre, le grand atout de Condoleezza, quand son adversaire suscite de forts antagonismes, c'est de pouvoir incarner une Amérique réconciliée.

Dans l'immédiat, l'Amérique est en proie à la peur du terrorisme. Nul sauveur ne se présente pour l'en délivrer, mais Condoleezza Rice est moins mal placée que d'autres candidats pour convaincre de sa fermeté. Plus profondément, la société américaine ébranlée par les émeutes des ghettos a connu après les années 1970 une grande peur du désordre racial et de la criminalité noire, un sentiment de délitement des bases sociales, de manque de respect — ce sentiment étant entretenu par la virulence du féminisme. Elle les a surmontés, mais en reste meurtrie. Qu'une femme noire incarne les valeurs traditionnelles de la famille, de la religion, de l'ordre social rassure. Un candidat noir ne peut de toute façon que porter la fierté d'être américain et non les frustrations des ghettos : Colin Powell le pouvait, le jeune Démocrate Barack Obama le pourra demain, Condoleezza Rice le peut aujourd'hui. Elle le peut d'autant mieux qu'elle-même n'a pas à prendre de distance avec sa propre histoire pour briguer la présidence, et que les États-Unis n'ont pas à renier un pan de leur histoire, à faire pénitence, pour l'accepter, puisqu'elle est une figure du succès et non du remords. Parce que, en toute fidélité à son histoire personnelle et à celle de sa lignée, elle n'a pas de ressentiment, elle offre une occasion de réconciliation nationale sans phrases.

Ce n'est certainement pas ainsi qu'elle voit les choses. La liberté de choix qu'elle revendique est d'ailleurs un atout. À la différence de Hillary Rodham Clinton, qui joue tout dans l'élection à venir, même si elle est un produit politique de l'écurie républicaine, Condoleezza Rice garde sa liberté, qui la mènera peut-être ailleurs. On imagine une présidence d'Université prestigieuse — au printemps 2006, on avançait son nom pour celle de Harvard — ou une mission internationale, le passage dans le monde des affaires. Pourtant, la petite fille de dix ans qui disait à ses parents qu'un jour elle entrerait à la Maison Blanche n'avait probablement pas en tête de devenir un simple conseiller. Les rêves d'enfant sont plus sérieux. Faut-il croire qu'elle a renoncé au sien avant de l'accomplir ? Elle sait que tout n'est pas entre ses mains. Avant l'élection, le sort de l'aventure irakienne peut décider du sien — l'entraîner dans le discrédit ou lui donner la chance de réorienter les choses — mais le parti républicain n'ayant guère de politique de rechange, sans doute vaudra-t-il encore la peine de penser à elle comme vice-Présidente, ce qui lui permettrait, de plus, de rester Secrétaire d'État jusqu'en 2008.

Face à elle qui se tait, un rêve prend forme, poursuivi avec une détermination acharnée, celui de Hillary Rodham Clinton. Entre elles, que de différences qu'on soulignera à l'envi... Et pourtant, qui est cette femme qu'on nous décrit comme n'étant « pas du genre à rester au fond de la classe. Il lui faut la lumière, la reconnaissance, la gloire, et tout autant la responsabilité », une femme qui croit aux vertus de l'action et, élevée « dans le respect de Dieu, de la famille et de la société », recherche le succès et l'excellence, pour le bien de la communauté et l'épanouissement personnel ? Pour laquelle il n'est pas question de parler de ses sentiments, d'extérioriser ses émotions. « Elle travaille dur et elle est la meilleure. D'ailleurs, elle ne s'aventure jamais dans les activités où elle ne peut pas briller, qu'il s'agisse de sport ou de cuisine. Elle a raison, toujours, elle en est convaincue, et le bon Dieu aussi. » Ne serait-ce pas Condoleezza Rice ? Non, c'est l'autre, c'est Hillary, telle que nous la présentait Christine Ockrent en 2001 dans *La Double Vie de Hillary Clinton*[1]. Si le duel avait lieu, les Américains pourraient choisir une politique en sachant qu'il y aura une femme à la barre pour l'appliquer.

---

1. Éditions Robert Laffont.

TABLE DES MATIÈRES

Alabama, Colorado (1954-1980) 15

  1. Le Sud profond 17
      La citadelle du racisme 18
      1963, prise de la Bastille 22
      Les spectateurs 26
      Un patriciat noir 31

  2. Les Rice et les Ray 39
      Des différents degrés de l'esclavage 39
      La stratégie parentale 47

  3. Une jeune fille pressée 61
      Un père heureux 63
      Une élève modèle 66
      Changement de cap 74

  4. Le deuxième père, Joseph Korbel 81
      Un écho d'Europe 82
      La fascination du pouvoir 86
      L'Université Notre Dame 90
      La foi dans les États-Unis 93
      Condi et Madeleine 96

Californie (1981-2000) 99

  5. Une carrière fulgurante 103
      Première conquête, l'Université 103
      L'échappée solitaire 110

6. L'engagement républicain 117
    Une réaction de refus 117
    La Maison Blanche, enfin 124
    L'écurie républicaine 130

7. Dans la cour des grands 135
    Une gestionnaire décidée 136
    Des convictions mises en pratique 138
    Un pétrolier nommé « Condoleezza » 147

8. La « célibattante » 153
    La jeune femme et les vieux messieurs 153
    La musicienne 163
    Une femme de foi 167
    Quel repos pour la guerrière ? 169

Washington (2001…) 175

9. Condi et le Président 179
    En famille chez les Bush 179
    Une fidèle compagne 183
    Les amazones du Texas 188

10. La femme politique 195
    Du réalisme au moralisme 195
    Le difficile exercice du pouvoir 207

11. Une femme utile 213
    Femme en politique 215
    « Tante Jemima » 221
    Femme de pouvoir 230

12. Bataille de dames 233
    2008 ? Non, mais… 233
    « Au secours, les Clinton reviennent ! » 238
    Des armes de séduction massives 243
    Une Amérique réconciliée 248

Cet ouvrage a été réalisé par la
SOCIÉTÉ NOUVELLE FIRMIN-DIDOT
Mesnil-sur-l'Estrée
pour le compte des Éditions de La Table Ronde
en mai 2006.

Dépôt légal : juin 2006.
N° d'édition : 143733.
N° d'impression : 79693.

Imprimé en France.